Rudolf Frieling

Christentum und Wiederverkörperung

Rudolf Frieling

Christentum und Wiederverkörperung

Verlag Urachhaus Stuttgart

2. Auflage 1975
© Verlag Urachhaus Stuttgart 1974
Kurt von Wistinghausen und Walter Junge
Alle Rechte vorbehalten
Druck: A. Oelschlägersche Buchdruckerei GmbH, Calw
ISBN 3 87838 181 6

Inhalt

Einleitung 7

Christentum und Wiederverkörperung 9

I Das Christentum 13
   Tatsache und Lehre 13
   Die Menschwerdung des Christus . 19
   Die Auferstehung 25
   Die Himmelfahrt 34
   Die Christwerdung des Menschen . 40
   Zwischen Tod und Jüngstem Tag . 49

II Die Wiederverkörperung . . 67
   Von Buddha zu Lessing . . . 67
   Rudolf Steiner 72
   Die Weisheit vom Menschen . . 80

III Wiederverkörperung und Bibel . 89
   Altes und Neues Testament . . 89
   Die Eschatologie der Ölberg-Rede
     und der Paulus-Apokalypse . 95
   Menschheitliche Entwickelungen
     in der Johannes-Apokalypse . 106

Einleitung

In unserer gegenwärtigen Zeit macht sich auf dem weltanschaulichen Gebiet eine zweifache Tendenz besonders bemerkbar. Einerseits greift der Materialismus, der jegliche übersinnliche Wirklichkeit in Abrede stellt, immer weiter um sich. Nicht zuletzt auch in der christlichen Theologie. Ein krasses Beispiel dafür ist die Lehre vom »Ganztod«. Der menschlichen Seele wird jegliche metaphysische Eigen-Existenz abgesprochen. Mit dem Tode ist es aus – bis zum Jüngsten Tag. Dazwischen – nichts. Die bisherige religiöse Vorstellungswelt wird durch »Entmythologisierung« abgebaut. – Andererseits drängt in das dadurch entstehende religiöse Vakuum alte fernöstliche Geistigkeit herein, die sich dem spirituellen Mangelgefühl als neue Erfüllung anbietet.
Demgegenüber ist es an der Zeit, daß sich das Christentum auf sein eigenes Wesen besinnt, dem weder ein materialistisches Weltbild noch alte indische Weisheit gerecht zu werden vermag.
Im Folgenden wird versucht zu zeigen, wie das Christentum, wenn es sich seiner spirituellen Grundlagen bewußt wird, nicht nur dem Materialismus, sondern auch der alten Geistigkeit des Ostens eine eigene überlegene Weltanschauung entgegenzusetzen hat. Das soll im Besonderen ausgeführt werden an dem Beispiel der Wiederverkörperungslehre, die vielfach als eine indische Domäne angesehen wird. Im Zusammenhang mit der christlichen Hoffnung, daß sich das einmalige grundlegende Mysterium der Auferstehung Christi in einer menschheitsweiten »Auferstehung am Jüngsten Tag« auswirken wird, kann die Wiederverkörperungslehre in ein ganz neues Licht treten. In diesem Lichte ist sie erstmalig gesehen worden in der Anthroposophie Rudolf Steiners. Wir möchten im Folgenden zeigen, wie sich die Wiederverkörpe-

rungs-Anschauung in ihrer anthroposophischen Gestalt in das Weltbild des Christentums nicht nur widerspruchslos einfügen läßt, sondern wie sie dieses Weltbild erst in befriedigender Weise vervollständigt.

Es wird notwendig sein, zunächst den Blick auf die für das Christentum grundlegende Christus-Tatsache zu richten. Da wird sich zeigen, daß zwar auf den Christus selbst die Wiederverkörperungslehre nicht anwendbar ist, um so mehr aber auf die Christwerdung der Menschheit, die aus der Menschwerdung des Christus erfolgen soll. Was geschieht mit dem einzelnen Christenmenschen zwischen seinem Tod und dem Jüngsten Tag? Die Theologie hat schon gelegentlich das Vorhandensein einer »eschatologischen Lücke« im christlichen Gesamtbild empfunden. – Schließlich werden wir den in der Bibel enthaltenen Aussagen, die in irgendeinem Verhältnis zur Wiederverkörperungs-Anschauung stehen oder zu stehen scheinen, im einzelnen nachgehen und weiterhin besonders die eschatologisch-apokalyptischen Partien des Neuen Testamentes berücksichtigen. – Wenn wir der Darstellung der ureigenen »Belange« des Christentums einen weiten Raum geben, so geschieht dies in dem Bestreben, das Verhältnis von Christentum und Wiederverkörperung nicht nur an der Peripherie, sondern nach Möglichkeit »ex fundamento« zu behandeln, das heißt aber: von dem Gesichtspunkt der Auferstehung aus.

In der Christengemeinschaft, zu deren Theologen der Verfasser gehört, werden die Glaubenswahrheiten nicht als Dogmen gelehrt. Ihre Verkündigung geht aus freier individueller Einsicht hervor und wendet sich an die freie individuelle Einsicht. In diesem Sinne wird hier auch die Wiederverkörperung in ihrem Verhältnis zu den Grundtatsachen des Christentums dargestellt.

Dr. Rudolf Frieling

Christentum
und Wiederverkörperung

Das norwegische Flateyjarbok[1] erzählt, wie König Olaf der Heilige (995–1029) einmal mit seinen Mannen an dem Grabhügel des guten Königs Geirstaderalf vorbeireitet. Einer aus dem Gefolge fragt den König: »›Sage mir, Herr, bist du es, der hier begraben liegt?‹ Der König antwortet ihm: ›Nimmer hat mein Geist zwei Leiber gehabt, und er wird auch keine haben, weder jetzt noch am Tage der Auferstehung. Und wenn ich einmal etwas anderes gesagt habe, so war der rechte Glaube nicht in mir.‹ Da sagt der Gefolgsmann: ›Das erzählt sich das Volk, daß du, als du früher einmal an diese Stätte gekommen bist, gesprochen habest: hier war ich und hier fuhr ich.‹ Der König antwortet: ›Das habe ich nie gesagt, und nie möge ich also sprechen.‹ Dabei überkam den König eine große Erregung; er gab seinem Rosse die Sporen und enteilte schnellstens der Stätte.«

Diese Szene zeigt, daß die Anschauung, der Mensch lebe mehr als einmal auf der Erde, keineswegs etwa nur eine indische Lehre ist. Sie war in der vorchristlichen Menschheit auch außerhalb des fernen Ostens bekannt, so auch im europäischen Norden. Die Olaf-Erzählung ist symptomatisch für das Verhältnis zwischen bisherigem christlichen Glauben und Wiederverkörperungslehre. Der Neuchrist Olaf schüttelt die alte Anschauung, die er früher offenbar selbst geteilt hat, energisch ab. Er will von ihr nichts mehr wissen. Aber die Art, *wie* er sie von sich weist, muß doch

---

[1] Flateyjarbok II B: Olafs Saga S. 134 f. Vgl. Emil Bock, »Wiederholte Erdenleben«, Stuttgart 1952, S. 16.

auffallen. Die emotionelle Heftigkeit des Königs könnte den Verdacht nahelegen, daß er mit der Angelegenheit doch noch nicht im Innern ganz fertig ist. Der Vorgang läßt ahnen, wie das neu aufgenommene römisch-katholische Christentum die alten Überlieferungen und Lebensgefühle mit Gewaltsamkeit verdrängt, nicht ohne daß unbewältigte Empfindungs-Reste sich bemerkbar machen. Ein Zeugnis dafür findet sich auch in der Edda.[2] Der Überlieferer der Lieder von Helge dem Hundingstöter macht am Schlusse des zweiten Liedes die Anmerkung, daß das Wiederkehren von Menschen ein Glaube der Vorzeit war (»trua i forneskio«), doch nenne man das jetzt Altweiberwahn (»kerlingavilla«). Der Ton eines gewissen Bedauerns ist nicht zu überhören. Auch hier ist die Verabschiedung der alten Überlieferung wie mit Selbstverständlichkeit die Folge der Christianisierung. – Es hat den Anschein, als könnten Christentum und Wiederverkörperungslehre nicht miteinander bestehen.

In der christlichen Dogmengeschichte ist von Wiederverkörperung nirgends die Rede. Nur einmal war es nahe daran, daß die Wiederverkörperung hätte in das christliche Denken einbezogen werden können. *Origenes* († 254) spricht von der vorgeburtlichen Existenz der Menschenseelen, von vorangegangenen Daseinsgestaltungen, deren Folgen in die irdische Inkarnation mitgebracht werden und sich positiv oder negativ in ihr auswirken. Aber auf Grund der uns überkommenen Texte bzw. Text-Reste ist es nicht eindeutig auszumachen, daß solche Vor-Leben nach der Ansicht des Origenes hier auf Erden absolviert worden wären und nicht auf anderen Daseins-Ebenen des Universums. Aber jedenfalls lehrt Origenes als christlicher Denker die Prä-Existenz. Die Seele entsteht nicht erst mit dem Leibe, sie hat bei ihrer Einkörperung bereits eine Vorgeschichte hinter sich. Die Prä-Existenz, wie Origenes sie im Auge hat, ist durchaus konkret-inhaltsvoll. Der Eintritt in das irdische Dasein ist nicht voraussetzungslos, es wirken »antiquiores causae« herein, Verursachungen von früher her. Origenes unterscheidet in der Seele einen Geistkern als

---

[2] Helgakvida Hundingsbana II$_{51}$. Vgl. Emil Bock, »Wiederholte Erdenleben«, S. 15.

eigentlichen Träger der Individualität und ein nach dem Körperlichen hin vermittelndes Seelenglied.

Wird die *Prä-Existenz* in Frage gestellt, so entfällt damit jegliche Möglichkeit einer Wiederverkörperung. Dreihundert Jahre nach Origenes wurde die Präexistenz-Lehre in der christlichen Kirche in aller Form verdammt, 543 in Konstantinopel; wahrscheinlich wurde diese Verdammung auf dem V. Ökumenischen Konzil in der Hagia Sophia 553 noch einmal bestätigt. Die betreffende Formulierung lautet: »Si quis fabulosam animarum praeexistentiam et quae ex illis consequitur: monstruosam restitutionem (apokatastasin) asseruerit, anathema sit.« Die Prä-Existenz wird also in das Reich heidnischen Fabulierens verwiesen. Als ihre »Konsequenz« erscheint hier nicht die Wiederverkörperung, sondern die »Apokatastasis«, die endliche Wiederbringung und Heimholung ins Göttliche. Dieser Gedanke, der sich für Origenes aus den wiederholten Existenzen ergab, wird nicht nur »fabulös«, sondern »monströs« genannt. Hätte Origenes die verschiedenen Daseins-Durchgänge als Reinkarnationen auf die Erde verlegt, würde man vielleicht ein noch stärkeres Wort der Zurückweisung gefunden haben.

Es war damit für die offizielle christliche Lehre jede Möglichkeit einer Reinkarnations-Anschauung ausgeschaltet. Im Katholizismus kam der »*Kreatianismus*« zur Herrschaft: Im Beginn des Einzel-Lebens erschafft Gott jedesmal für den entstehenden Leib eine neue Seele aus dem Nichts. Der Protestantismus neigte mehr zum »*Traduzianismus*«: Die Seele wird zugleich mit dem Körper als eine Abzweigung der elterlichen Substanz hervorgebracht. Hat im Sinne des »Kreatianismus« die Seele immerhin noch eine vom Leiblichen unterschiedene übersinnliche Wirklichkeit, so leistet der »Traduzianismus« der heute verbreiteten und in steigendem Maße auch von Theologen akzeptierten materialistischen Lehre von der untrennbaren Leib-Seele-Einheit Vorschub.

Wo im 18., 19. und 20. Jahrhundert im abendländischen Geistesleben die Wiederverkörperung aufgetaucht ist, geschah dies außerhalb des kirchlichen Christentums, im Anschluß an mysterienhafte Überlieferungen der Antike, oder auch angeregt durch die Erschließung der indischen Geisteswelt, oder auch in Form von persönlichen Ahnungen und Lebensgefühlen. Emil Bock hat in seinem Buch »Wiederholte Erdenleben« eine erstaunliche Fülle von Zitaten aufgeführt. Eine von alledem unterschiedene besondere Stellung nimmt die *Anthroposophie* Rudolf Steiners (1861–1925) ein. Hier tritt die Wiederverkörperung auf als Resultat einer mit modernen Bewußtseinsmöglichkeiten arbeitenden Geistesforschung. Die Gestalt dieser anthroposophischen Wiederverkörperungs-Darstellung wird uns im Folgenden zu beschäftigen haben. Von der kirchlichen Theologie wird sie abgelehnt, auch ausdrücklich bekämpft. Ernst genommen und gerade auch vom Christentum her bejaht wurde sie in der zeitgenössischen Christenheit bisher fast nur von den Theologen der 1922 ins Leben getretenen Christengemeinschaft.[3] Sie sind davon durchdrungen, daß es im Sinne der heutigen Weltenstunde ist, wenn nach so vielen Jahrhunderten des Ignorierens und des Ablehnens der Prozeß von neuem aufgenommen und an das Problem »Christentum und Wiederverkörperung« von neuem herangegangen wird.

Wir wenden uns zunächst der Frage nach dem Wesen des Christentums zu.

---

[3] Friedrich Rittelmeyer, »Wiederverkörperung«, Stuttgart 1931; Emil Bock, »Wiederholte Erdenleben — die Wiederverkörperungsidee in der deutschen Geistesgeschichte«, 1. Auflage Stuttgart 1932.

I

Das Christentum

Tatsache und Lehre

»Christus ist nicht der Lehrer, wie man zu sagen pflegt, Christus nicht der Stifter, er ist der *Inhalt* des Christentums.« Diese Worte Schellings in der 25. Vorlesung seiner »Philosophie der Offenbarung« dürfen als klassischer Ausdruck dessen gelten, was man das Selbstverständnis des Christentums nennen kann.
Man hat sich in der modernen Zeit daran gewöhnt, das Christentum als eine der großen Weltreligionen zu betrachten, als deren Stifter wo nicht der Rabbi Jesus von Nazareth, so doch eventuell Paulus zu gelten habe. Man vergleicht die Lehren und Riten der entstehenden Christenheit mit der religiösen Umwelt des Spätjudentums und der Spät-Antike mit ihren Mysterienkulten, man findet Anklänge, Entsprechungen, Ähnlichkeiten. Die Qumran-Entdeckungen haben dazu geführt, daß man die Frage aufwarf, ob nicht Qumran als die eigentliche Wiege des Christentums anzusehen wäre. Die »Originalität« des Christentums ist fraglich geworden.
Adolf Holl[4] hat es so formuliert: »Worin aber lag die Neuigkeitsleistung Jesu?« Es sieht so aus, als müsse das Christentum den Anspruch auf eine solche *»Neuigkeitsleistung«* fallenlassen angesichts der religionshistorischen Umwelt-Erforschung. Andererseits spürt Adolf Holl, daß eine solche Auflösung des Christentums in die verschiedenen Umwelt-Elemente der eigentlichen geschichtli-

---

[4] Adolf Holl, »Jesus in schlechter Gesellschaft«, Stuttgart 1971, S. 41.

chen Lebens-Tatsache des Christentums nicht gerecht wird. Ist bei dieser Rechnung etwa ein Faktor übersehen worden? Adolf Holl fährt fort: Es sei »vielleicht mit Recht gesagt worden, daß Jesus in allen lehrbaren Inhalten gar nicht neu sei. Das heißt aber, daß wir die Frage nach der Art der Neuigkeitsleistung Jesu wissenschaftlich nicht beantworten können... Wenn die Art der Neuigkeitsleistung Jesu sich der wissenschaftlichen Analyse entzieht (obwohl sie als Tatsache feststeht), dann ist das weitere Nachdenken deshalb noch nicht verboten.« Gewiß nicht. Weiteres Nachdenken könnte zu der Frage führen, ob dann eben nicht, wenn die Analyse, die Auflösung in die einzelnen Bestandteile offenkundig das eigentliche Erkenntnisobjekt verfehlt, eine andere, dem Gegenstand gemäße Erkenntnismethode gesucht werden müßte? »Obwohl sie (die Neuigkeitsleistung) als Tatsache feststeht...« – das ist immerhin ein gewichtiges Wort.
Man könnte dieser Kritik an der sich als unförderlich erweisenden analytischen Wissenschaftsmethode einen Ausspruch an die Seite stellen, den im Jahre 1928 der protestantische Kirchenhistoriker Karl Holl in einem Aufsatz getan hat[5]: »Gerade wenn man das Christentum in seine Bestandteile auflöst, springt eine Frage, wie ich meine, unabweisbar heraus: Wodurch hat denn dann eigentlich das Christentum über die anderen Religionen gesiegt? Ich betrachte es als den schwersten Mangel der gegenwärtigen religionshistorischen Forschung, daß sie an dieser einfachen Frage völlig vorübergeht... Und doch ist es eine vor aller Augen liegende Tatsache, nicht nur, daß schließlich das Christentum allein auf dem Platze blieb, sondern auch, daß seine Bekenner sich immer als etwas anderes gegenüber den Vertretern der übrigen Religionen gefühlt haben. Das muß doch seine Gründe haben.« Ebenso wie Adolf Holl spricht hier auch Karl Holl von einer »*Tatsache*«, die als solche der Wissenschaft offenbar entgangen ist.
Im Jahre 1902 erschien ein Buch mit dem Titel »Das Christentum als mystische Tatsache«. Es wurde nicht von einem Theologen geschrieben, sondern von Rudolf Steiner, dem Begründer der

---

[5] Zitiert bei H. Zahrnt, »Es begann mit Jesus von Nazareth«, Gütersloh 1969, S. 66.

Anthroposophie. Es steht genau an der Stelle, wo Adolf Holl und Karl Holl die wissenschaftliche Fehlanzeige anmelden. Mit den Mitteln einer modernen Geistesforschung hat Rudolf Steiner von 1902 bis 1925 eine umfassende Darstellung des Christentums gegeben, die dessen Tatsachen-Charakter gerecht wird. Auf neue Weise ist damit Schellings Intuition bestätigt worden, daß Christus nicht so sehr Lehrer und Stifter als vielmehr im ganz exakten Sinne der Inhalt des Christentums ist. Die tief berechtigte Frage nach der »Neuigkeitsleistung« wäre dann so zu beantworten: Das Neue, das Christus brachte, war im strengen Sinn des Wortes »ER SELBST«. Er brachte SICH. So darf allerdings nur gesprochen werden, wenn das Dasein höherer übersinnlicher Wirklichkeits-Ebenen und konkreter übersinnlicher personhafter Wesenheiten anerkannt wird. Ein gründliches Eingehen auf das Erkenntniswerk Rudolf Steiners kann zu einer solchen Anerkennung führen. Es kann dann einleuchtend werden, daß der gewaltige Einschlag, den das Auftreten des Christentums in der Menschheitsgeschichte unleugbar bewirkt hat, dadurch geschah, daß eine Wesenheit höchsten Ranges zur Zeitenwende in die Erden-Menschen-Welt eingetreten ist.

Dieser Eintritt vollzieht sich durch die Tat-Handlung des Ereignisses von *Golgatha*, das Tod und Auferstehung umfaßt. Der Auferstandene kann sagen: »Ich bin bei euch alle Tage« (Matth. 28$_{20}$). Die vorangehenden Begebenheiten, das lehrende und heilende Wirken des Rabbi Jesus hat demgegenüber erst noch vorbereitenden Charakter. Aber es wird in den Evangelien ersichtlich, daß dieser Rabbi Jesus auf ein noch bevorstehendes entscheidendes Ereignis bewußt zuging und auch seinen Jüngern ein ahnendes Bewußtsein dieses Bevorstehenden zu erwecken suchte, das dann das »Eigentliche« sein würde, im Unterschied zu den vorangegangenen Taten, welche »Zeichen« sind. Als dann nach ihrer pfingstlichen Erleuchtung und Entflammung die Jünger die Kraft fanden, von dem Erlebten Zeugnis abzulegen, sprachen sie zunächst nicht von den Lehren und Taten des Rabbi Jesus, sondern von der Wandlung, durch die ihr Meister gegangen war, indem er starb und auferstand. Am Anfang der christlichen Verkündigung steht der Hinweis auf eine Tatsache. Sie war zugleich historisch

– »unter Pontius Pilatus« – und »mystisch«, das will besagen, daß dabei Kraftwirkungen höherer Welten im Spiele waren. Paulus hat es ausgesprochen, daß ohne diese Tatsache die apostolische Verkündigung nichtig wäre (1. Kor. 15₁₄).

Was sich dann als christliche *Lehre* entwickelt, ist nur zu verstehen als die weitere Entfaltung dieses Hinweises auf die grundlegende Tatsache. Das ist etwas wesentlich anderes als die Verkündigung eines Lehrsystems, das ein umfassendes Bild zeitlos gültiger Wahrheiten liefern möchte in bezug auf Gott, Mensch und Welt. Ein solches Weltanschauungsbild erhebt den Anspruch, auch unabhängig von seinem Verkünder als ein Gewebe ewiger Wahrheiten einsehbar zu sein. Buddha hinterließ seinen Jüngern die Weisung, daß nach seinem Hingange die Lehre ihr Meister sein sollte. Die Person Buddhas hatte nur die Bedeutung gehabt, eine an und für sich bestehende Wahrheit für die Menschen ins Licht zu setzen. Wäre das Christentum nur ein religiös-ethisches Lehrsystem, dann müßten sich seine Wahrheiten auch von ihrem Verkünder ganz unabhängig machen können. Beim Christentum handelt es sich aber um etwas völlig anderes. Nicht eine an und für sich bestehende, aber vielleicht dem Bewußtsein der Menschen entschwundene oder auch bisher noch gar nicht entdeckte Wahrheit soll zur Geltung gebracht werden. Es wird vielmehr auf etwas völlig neu zu dem bisherigen Weltbestand Hinzugekommenes hingewiesen, das vorher noch gar nicht als Wirklichkeitsfaktor vorhanden war.

Warum aber muß die »Lehre« in Gestalt eines Hinweises auf Geschehenes zu der Tatsache hinzukommen? Genügt die Tatsache allein nicht? – Die ersten Christen erlebten es mit größter Stärke, daß es möglich war, durch eine entsprechende innere Einstellung mit dieser Tatsache einen Kräfte-Kontakt aufzunehmen, sich von ihren Energie-Wellen ergreifen zu lassen, um »in Christo« eine »neue Kreatur« zu werden (2. Kor. 5₁₇). Aber diese von der Erlösungstat ausgehenden Heileswirkungen ergreifen die Menschheit nicht automatisch. Sie drängen sich nicht auf, man muß sich ihnen öffnen. Um das aber zu können, braucht man zuerst einen Bewußtseinszugang zu ihnen. Die Erlösungstat ist sozusagen von der Vorsehung so eingerichtet, daß der menschlichen Freiheit

nicht Gewalt angetan wird. Auf dem Wege über das Bewußtsein, das sich auf diese Tatsache lenken läßt, kann die Bereitschaft erwachsen, sich ihr aufzutun, sie ins eigene Wesen einzulassen.
Die »Lehre« folgt also im Christentum der Tatsache nach, sie versucht, das Geschehene im zweifachen Sinn des Wortes »einzuholen«, das heißt ihm bewußtseinsmäßig nachzukommen und es sich anzueignen. Während des unmittelbaren Vollzuges des großen Mysteriums ist von einem vollbewußten Begleiten von seiten der Jünger noch keine Rede. Da gilt das Wort, das der Christus bei der Fußwaschung zu Petrus spricht: »Was ich tue, das weißt du jetzt nicht. Du wirst es aber erkennen – danach« (Joh. 13,7). Dieses Nachkommen mit dem Bewußtsein ist eine wachstümliche Angelegenheit. Der *Heilige Geist,* der in den johanneischen Abschiedsreden »Paraklet« genannt wird, der herbeirufbare Tröster, der durch Bewußtseinserweiterung »tröstet«, wird in der Zukunft in alle Wahrheit leiten (Joh. 16,13), er wird alles lehren, er wird die Worte des Christus in der Erinnerung aufleben lassen (14,26), er wird den Christus »verklären«, das heißt: ihn immer mehr in das Licht der Erkennbarkeit setzen (16,14). Er wird in der Zukunft auch das lehren, was die Jünger »jetzt noch nicht tragen können« (16,12). Der Bewußtseinserweiterung im Hinblick auf die Erlösungstatsache sind also keine Schranken gesetzt. Das Neue Testament hat sich, mit Novalis zu sprechen, nirgends »für geschlossen erklärt«. – Man hat gelegentlich für eine Abgeschlossenheit der Offenbarung die Schlußverse der Apokalypse ins Feld geführt, wo vor einem Hinzutun oder Wegnehmen gewarnt wird (22,18.19). Das bezieht sich aber im engeren Sinne auf die »Worte dieses Buches«, also der Apokalypse, deren aus Inspiration hervorgegangener Wortlaut durch eine solche »Kanonisationsformel« geschützt werden soll. Das christliche Bewußtsein um die Heilstatsache, um die Wesenheit des Christus steht grundsätzlich der Erweiterung offen.
Man sollte deshalb nicht von theologischer Seite ein solches Angebot möglicher Erkenntnisse in bezug auf das Übersinnliche, wie es in der Anthroposophie gegeben ist, ablehnen, weil es über die Inhalte des Neuen Testamentes hinausgeht. Ob die betreffenden Aussagen der Anthroposophie in der Linie der grundsätzlich

möglichen christlichen Bewußtseinserweiterung liegen oder nicht, kann nur jeweils im einzelnen untersucht werden. Aber von vornherein dürfte ein solches, das Übersinnliche einbeziehendes Weltbild nicht abgewiesen werden, auch gerade, weil das Verstehen des Neuen Testamentes ohne eine spirituelle Anschauung gar nicht möglich ist. Das Neue Testament enthält, wie wir sahen, kein vollständiges Weltanschauungs-System als solches. Es setzt aber eine bestimmte Weltanschauung voraus, die damals verbreitet war. Ein Beispiel: Paulus spricht gelegentlich von einem »Dritten Himmel« (2. Kor. 12$_2$). Das setzt doch einen »Ersten« und »Zweiten Himmel« voraus. Davon steht aber im Neuen Testament weiter kein Wort. Es brauchten gewisse allgemein bekannte Vorstellungen nicht besonders in einem systematischen Lehrzusammenhang den damaligen Lesern vorgeführt zu werden. Paulus erwähnt gelegentlich Bezeichnungen für bestimmte Ordnungen der hierarchisch gegliederten Engelwelt, ohne daß im Neuen Testament ein spezielles diesbezügliches Lehrstück gegeben ist. Man wußte, was gemeint war. Dieses dem Neuen Testament wie selbstverständlich zugrundeliegende Weltbild mit den Himmeln, mit Engeln und Dämonen, mit dem Totenreich – es ist im Zeitalter des herrschenden Materialismus in Mißkredit geraten. Man belächelt es als überholtes »dreistöckiges« Weltbild und ist bemüht, das Neue Testament zu entmythologisieren. Verschreibt man sich aber dem materialistischen Weltbild, so zerrinnen die neutestamentlichen Inhalte hoffnungslos. Die Anthroposophie, die den wahren Ertrag der modernen Naturwissenschaftlichkeit durchaus in sich aufgenommen hat, die aber darüber hinaus auf neue Weise in Gebiete eingedrungen ist, die man »verlorene Provinzen des menschlichen Bewußtseins« nennen könnte, ist in der Lage, dem Weltbild der Bibel Gerechtigkeit widerfahren zu lassen. Die »mythologische« Bildersprache hat ihre Richtigkeit, wenn das Funktionieren anderer, dem Intellekt unbekannter Bewußtseinsarten erkannt wird. Man hat in der Theologie mit großem Fleiß unendliche Materialien als »Sachkunde« herbeigetragen, um die Bibel zu verstehen. Zu einer solchen »Sachkunde« gehört aber auch eine Kenntnis von dem, was die Anthroposophie exakt als höhere Bewußtseinsformen darstellt.

So ist es auch von vornherein nicht auszuschließen, daß die Wiederverkörperungslehre in der Gestalt, die sie in der Anthroposophie hat, innerhalb der prinzipiell möglichen Erweiterung des christlichen Weltbildes eine Stelle haben könnte. Dem wird im einzelnen nachzugehen sein. Es soll nun zuerst die *grundlegende Tatsache* des Christus-Geschehens ins Auge gefaßt werden.

Die Menschwerdung des Christus

Der Christus brachte als Neues SICH SELBST. Dieser neue Einschlag in die Geschichte der Menschheit gehört nicht nur in die Reihe der Religions-Gründungen, er ist *noch* höheren Ranges. Er kann nur der *Schöpfungsgeschichte* selbst an die Seite gestellt werden als ein »zweiter Akt« des Menschen-Werdens. Die göttliche Schöpfungstat, von der die Genesis berichtet, hat den Menschen wohl »vollendet« in seiner über alles andere Kreatürliche sich erhebenden Leiblichkeit, noch nicht aber in bezug auf sein Inneres. Ein zur Gottebenbildlichkeit berufenes Wesen, dem ein freies selbständiges verantwortliches Ich zugedacht ist, konnte nicht »fertig« wie eine der Natur angehörige Kreatur aus der Hand des Schöpfers hervorgehen. Es bedurfte über das Natürliche hinaus einer »Geschichte«. Obwohl der am sechsten Schöpfungstag in Erscheinung getretene Mensch »sehr gut« war, stand er doch noch nicht am Endziel. Das wird in der Genesis dadurch deutlich, daß der grundlegenden Menschenschöpfung, die im ersten Kapitel dargestellt ist, ein zweites Kapitel folgt, in dem anscheinend noch einmal, aber diesmal anders, eine Menschenschöpfung berichtet wird (1. Mos. 2$_7$), als Plastizierung aus Erdenstaub und als Einhauchung des Odems. Dem folgt die Trennung der Geschlechter (2$_{21}$). Die kritische Analyse hat aufgezeigt, daß wir am Beginn des Buches Genesis zwei verschiedene Schöpfungsgeschichten vor uns haben. Man hat gemeint, daß dem Redaktor der vorliegenden Textgestalt die Widersprüchlichkeit der beiden Versionen nicht bemerklich gewesen sein müßte, man hielt diese Zusammenkoppelung seiner unentwickelten Intellektualität zugute. Frühere christliche Denker waren da noch auf einer anderen Spur. Sie hielten dafür, daß das erste Kapitel noch auf einer anderen »Ebene« spielt und daß dann das zweite Kapitel aus dem Geistig-Seelisch-Ätherischen mehr ins Irdisch-Materielle herabsteigt. Die beiden Berichte wären demnach mit einer tiefen Richtigkeit so zusammengestellt, wie wir sie vorfinden. Der Einwand, daß diese beiden Berichte sich im Stil und in dem Vokabular unterscheiden und offenbar aus zwei verschiedenen »Schulen« herrühren, besagt nichts dagegen, daß derjenige, der den heute vorliegenden Text zusammenstellte, das Richtige getroffen hat, indem der zweite Bericht sich auf ein späteres Stadium bezieht. Es ist bezeichnend, wie die Formel »Himmel und Erde« sich bei dem zweiten Bericht in »Erde und Himmel« umkehrt (1. Mos. 2$_4$).

Der Mensch steigt also tiefer ins Irdische hinab, damit ist dann auch erst die Möglichkeit zu Versuchung und *Sündenfall* eröffnet. Die kindliche Frage, wer denn die Schlange ins Paradies »hereingelassen« habe, weist auf das Geheimnis hin, daß der Mensch, so wie er von der Schöpfung herkam, offenbar noch nicht vollendet war, sondern der Begegnung mit der Widersachermacht bedurfte, der »Erfahrung«, die zu seiner anfänglichen Unschuld noch hinzukommen mußte. Das führte den Menschen allerdings in tiefste Tragik. Die in ihm veranlagte Ichheit wird durch Luzifer egoistisch infiziert, zugleich verstrickt sich der Mensch tiefer ins Materielle. Das Gewahrwerden der »Nacktheit« zeigt an, daß der eine Mensch den anderen und sich selbst nicht mehr in seiner übersinnlichen Hüllen-Natur erschaut, sondern nur noch in seiner materiellen Körperlichkeit wahrnimmt. Die Austreibung aus dem Paradiese ursprünglicher Gottverbundenheit hat schließlich den *Tod* im Gefolge. Diese Todverfallenheit ist nicht nur »Strafe«, sondern auch Gnade, insofern sie den Menschen davor bewahrt, sich in seinem gefallenen Zustand zu verewigen (1. Mos. 3$_{22}$). Der durch den Tod bewirkte radikale Abbruch der in Gott-Getrenntheit verbrachten Erdenmenschen-Existenz ist nach der Formulierung des Paulus »der Sünde Sold« (Römer 6$_{23}$).

Die erste Phase der Entwickelung zum »Ich« führt in die Isolierung einer egoistischen Selbstheit. Die erlösende Umwandlung zur »selbstlosen Ichheit«, die, gerade weil sie sich selbst besitzt, sich völlig in Liebe hingeben kann, steht nicht in der Macht des vom Sündenfall gezeichneten Menschen. Die Kraft dieser *selbstlosen Ichheit* trägt der Christus an die Menschheit heran. Dieses Heranbringen einer bis dahin noch nicht auf Erden wirksam gewesenen Liebesmacht eröffnet einen *zweiten Akt der Menschenschöpfung*, der sich, wie schon gesagt, nicht irgendeiner Religionsstiftung, sondern nur der Weltschöpfung selbst an die Seite stellen läßt. Das geschieht ja im Prolog des Johannesevangeliums, der mit dem Urbeginne anhebt und dann für die entscheidende Christus-Tat die Formel findet: »Und das Wort ward Fleisch« (Joh. 1$_{14}$). Von dem »Wort im Urbeginne« bis zum Wort, das »Fleisch wurde«, durchmißt der Prolog des Johannes eine ungeheure Spanne.

Wenn der Christus die Kraft der in Liebe lebenden selbstlosen Ichheit den Menschen bringen wollte, so mußte er selber in die Menschwerdung eingehen. Er mußte in einem freiwilligen Opfergang dem Menschen nachgehen und ihn dort aufsuchen, wo er angekommen war. Dieser Opfergang hatte die Form eines *Abstieges*. Als freiwillig-souverän »Hinabsteigender« hat der Christus die abwärts führende Wegstrecke durchmessen, die der Mensch, von unten her übermäßig angezogen, als ein »Fallender« passiert hat. Eindringlich spricht das Johannesevangelium immer wieder von diesem Herabsteigen (katabainein) des Christus.

Im Abstieg erreicht der Christus die Daseinssphäre des gefallenen Menschen, die in der Bibel als »Fleisch« bezeichnet wird. Es ist etwas Ungeheures, das der Johannesprolog mit den lapidaren Worten ausspricht: »Und das Wort (der Logos) ward Fleisch (sarx)« (Joh. 1$_{14}$). Man möchte in Umkehrung eines Genesis-Wortes (3$_{22}$) sagen: »Siehe, der Gott ist geworden wie unsereiner.« Daß der Christus wirklich in die Daseinsweise des hinfälligen, dem Tode preisgegebenen menschlichen Erdenleibes eingegangen war, machen die Evangelien deutlich bemerkbar. Als ein Mensch von Fleisch und Blut unterliegt der Christus der Ermüdung (Joh. 4$_6$), der Notwendigkeit des Schlafes (Matth. 8$_{24}$), er fühlt Hunger

(Matth. 4₂, 21₁₈) und Durst (Joh. 4₇, 19₂₈), er weint (Luk. 19₄₁, Joh. 11₃₅), er ist »betrübt bis an den Tod« (Matth. 26₃₈); in der »Agonie« seines Leibes, der in Gethsemane vorzeitig hinzusterben droht, vergießt er blutigen Schweiß (Luk. 22₄₄).
Die letzte Konsequenz des Abstieges in die »sarx« ist der *Tod*, die ganz spezifische Erfahrung der Erdenmenschen. Erst im Tode wird der Boden der Erdenwelt endgültig betreten. Im Vorausblick darauf spricht der Christus von der *»Taufe, mit der er getauft werden muß«* (Luk. 12₅₀). Sie ist der Preis, den er zahlen muß, um das vom Himmel herabgebrachte »Feuer auf die Erde zu werfen«. – Im Eingange der synoptischen Evangeliendarstellung ist von einer dreifachen Taufe die Rede. Johannes der Täufer »tauft mit Wasser« (Matth. 3₁₁), der Größere, der nachfolgen soll, wird mit »Heiligem Geist und mit Feuer taufen«. Da das Wort »pneuma« im Griechischen sowohl »Geist« als auch »Lufthauch« bedeutet, zeigen diese drei Taufen eine Beziehung zu dem, was für die alte Welt die *»Elemente«* waren. Heute könnte man von »Aggregatzuständen« sprechen. Der Durchgang durch die vier Elemente, Erde, Wasser Luft und Feuer, der in den Mysterien eine Rolle spielte, war nicht nur etwas Äußerliches. Die in der Stoffeswelt beobachtete Unterschiedlichkeit des Festen, Flüssigen, Luftartigen und Feurig-Wärmehaften wurde als Ausdruck für verschiedene Weisen auch des inneren Sich-Erlebens empfunden. Der Schritt von der »Erde« zum »Wasser« war im Inneren der Übergang vom Starren und Verfestigten zum lebendig Flüssigen und Strömenden. Im »Luftigen« fühlte man sich ent-schränkt und der Schwere enthoben, im »Feuer« leuchtete und wärmte Gott-Innigkeit. Die Taufe des Johannes sollte eine Menschheit, die in ihrer Erdgebundenheit gleichsam »auf dem Trockenen saß«, wieder in Verbindung mit reiner strömender höherer Lebendigkeit bringen, um sie für den Größeren, der da kommen sollte, vorbereitend aufzuschließen. Dieser Größere sollte dann den Erdenmenschen in die noch höheren und »himmlischen« Daseinsweisen einführen, die im luftig Wehenden (Pneuma) und im Feurigen zu erahnen sind. Der erlösungsbedürftige Mensch findet sich auf der Erde zunächst im Irdischen vor. Die Taufe mit Wasser, Geisteshauch und Feuer soll ihn in Höheres einweihen. Von

der Taufe mit Wasser und Pneuma ist im Nikodemusgespräch die Rede (Joh. 3₅).

Der zur »sarx« herabsteigende Christus bringt »Feuer« und »Pneuma« in seinem eigenen Himmelswesen mit sich, um die Menschen damit zu »taufen«. Er selbst bedarf also einer solchen Taufe nicht. Getauft werden bedeutet ja ein Eingetauchtwerden, ein Eingeweihtwerden in ein Daseins-Element, außerhalb dessen man vorher gestanden hat. Für den von oben Herabsteigenden ist es notwendig, daß er in die unteren Elemente eingetaucht wird, die dem Erdendasein das Gepräge geben – Wasser und Erde, wobei das »Wasser« noch eine gewisse Himmelsverwandtschaft zeigt und noch nicht so »irdisch« ist wie das Element, das dem ganzen Planeten den Namen gibt, die »Erde«. Der Abstieg des Christus ist ein Weg erdwärts, ja bis zum »Herzen der Erde« hin (so wörtlich Matth. 12₄₀). Die Jordantaufe ist eine *Wassertaufe*. Der Christus wird mit dem strömenden Lebens-Element der Erdenwelt verbunden. Der volle Eingang ins eigentlich »Irdische« steht ihm aber noch bevor, obwohl er den Erdenleib im Prinzip bereits ergriffen hat. In der ersten Zeit seines palästinensischen Wirkens bevorzugt er Galiläa, das Land um den See herum. Das am See gelegene Kapernaum heißt geradezu »seine Stadt« (Matth. 9₁). Es ereignet sich der große Fischzug (Luk. 5₁), die Stillung des Sturmes, die Speisung am See, das Seewandeln. Wenn der Christus, nachdem bereits der letzte Weg nach Jerusalem angetreten worden ist (Luk. 9₅₁), von der ihm bevorstehenden »Taufe« spricht, meint er nicht mehr die Jordantaufe, sondern die noch ausstehende endgültige »Einweihung« in das Element »Erde«. Das aber ist die Erfahrung des Sterbens in einem Erdenleib. Dieser »Taufe« entgegenblickend spricht er das Wort: »Und wie ist mir bange, bis sie vollendet ist«, wörtlich: »ich werde zusammengehabt«, zusammengepreßt. Es ist das Erlebnis beklemmender Be-Engung, aus der »Enge« kommt die »Angst«. Hier ist nicht die Rede von einem Angstfühlen im gewöhnlichen Sinne, sondern von der furchtbaren »Zusammenpressung«, die von einem sonst in Lichtes-Weiten lebenden Geistwesen in der Fesselung an den todverfallenen Erdenleib empfunden wird.

Dem entspricht das Bild des Golgatha-Todes, als dieser *»Erden-*

taufe« des Gottes, in seiner Verschiedenheit von der Jordantaufe. Über der Jordantaufe steht der Himmel offen: ertönt die Gottes-Stimme von oben her. Jesus steht im strömenden Jordanwasser. Alte Kirchenbilder haben ihn geradezu als in eine Wasser-Glocke eingehüllt dargestellt. Wie anders Golgatha! Da sind wir im steinigen Judäa. Der felsige Ort heißt »Schädelstätte«. An dem harten Kreuzesholz hängt der nackte Erdenleib. Der Himmel ist verfinstert. Aber die Gottes-Stimme – »Du bist mein geliebter Sohn« –, die über der Jordantaufe erklang, findet nun ein Echo von der Erde her. Ein Vertreter des so stark zur Erde hingewandten Römertums, der römische Hauptmann, ruft aus: »Wahrlich, dieser ist Gottes Sohn gewesen« (Matth. 27$_{54}$). Er ruft es aus unter dem Eindruck des Erdbebens, das auf diesen Tod antwortet. »Und die Erde erbebte« (Matth. 27$_{51}$). Und während bei der Jordantaufe die Himmel sich auftaten – Markus sagt »aufrissen« (1$_{10}$) –, öffnet sich nunmehr die Erde. »Und die Felsen zerrissen, und die Gräber taten sich auf.«

Dieser auf *Golgatha* sich vollendende Herabstieg des Christus in die »sarx« trägt das Prägezeichen des *»Einmaligen«* an sich. Golgatha ist ein Ereignis, das »ein für allemal« geschehen ist, worauf der Hebräerbrief nachdrücklich hinweist.

Religionsgeschichtliche Forschung ist auf Mythen und Kulte der Antike aufmerksam geworden, bei denen ein sterbender Erlösergott eine Rolle spielte. Die Einzigkeit von Golgatha wird jedoch dadurch nicht in Frage gestellt, denn die betreffenden Erlöser-Gestalten verbleiben in einem schwebenden ätherischen Bild-Bereich. Sie haben die Erde nicht wirklich betreten wie der Christus, der gekreuzigt wurde, »sub Pontio Pilato«, in harter irdischer Tatsächlichkeit. *Historisch,* und zugleich *mystisch transparent,* wie eine Sichtbarmachung tiefer Geheimnisse des Menschenwesens. Das Kreuz als solches, die drei Kreuze, Jesus mitteninne, die »Schädelstätte«, die Dornenkrone, die Verfinsterung der Sonne – all das ist zugleich zeichenhaft, runenartig. Dieses Stück Erdengeschichte hat zugleich die Transparenz eines Mysteriendramas, einer kultischen Handlung. Lessing fühlte sich gestört durch die Begründung des Christentums auf »zufälligen Geschichtswahrheiten«. Er war sich der Voraussetzung nicht bewußt, die er da

in erkenntnismäßig unerlaubter Weise machte, daß alle »Geschichte« den Charakter des »Zufälligen« tragen müsse. Es gibt auch unter den Begebenheiten und Vorkommnissen der Geschichte so etwas wie eine Rang-Ordnung, eine Hierarchie. Gerade in wichtigen Momenten des geschichtlichen Geschehens zeigt sich gelegentlich eine Neigung der Begebenheiten, den Charakter des bildhaft »Bedeutsamen« anzunehmen. Das Christus-Geschehen ist in seiner Einzigkeit Geschichte allerhöchsten Ranges, so ist es der Zufälligkeit entnommen. Es ging so vor sich, wie es nicht anders sein konnte, als Geschichte zugleich Ritus und Rune. Es ist das *Wort*, das im Fleische erschien.
Die Einzigkeit von Golgatha schließt jegliche Anwendung der Wiederverkörperungs-Idee auf den zur sarx herabsteigenden Christus aus.

Die Auferstehung

Hat der herabsteigende Christus im Sterben den Erdenmenschen »eingeholt«, so geht er ihm vom Ostermorgen an als der »Urführer (archegós) des Lebens« (Apg. 3₁₅) zukunftskräftig voran. »Die Auferstehung Christi ist das entscheidende Faktum dieser ganzen höheren, vom gemeinen Standpunkt freilich nicht begreiflichen Geschichte. Tatsachen wie die Auferstehung Christi sind wie Blitze, in welchen die höhere, d. h. die wahre, die innere Geschichte in die bloß äußere hindurchbrechend hereintritt« – so Schelling in seiner »Philosophie der Offenbarung« (32. Vorlesung).
Die Auferstehung ist mehr als die Manifestation eines Gestorbenen, der sich als existent erweist. Erlebnisse solcher Art, daß sich Entkörperte kundtun, hat es auch sonst in der Menschheit gegeben. Die Auferstehung bezieht sich auf den *Leib*.
Was da am Ostermorgen geschah, hat etwas blitzartig Plötzliches. Alle vier Evangelisten achten das Geheimnis dieses Augenblickes

durch ihr Schweigen, sie enthalten sich jeder Aussage über den Vorgang als solchen. Daß die Auferstehung geschehen ist, lebt zuerst nur im Bewußtsein übermenschlicher Geistwesen, es kommt zu den Menschen zuerst als Engels-Botschaft. Schon am Abend des Ostersonntages findet diese ihr Echo aus dem Bewußtsein irdischer Menschen heraus: »Der Herr ist wahrhaftig (»óntōs«, »seienderweise«) auferstanden« (Luk. 24$_{34}$). Und sieben Wochen danach, zu *Pfingsten,* ist es schon so weit, daß Petrus in seiner Verkündigung nicht nur die Tatsache den Hörern zuruft, sondern ihnen einen *inneren Zugang* zu dem Ereignis eröffnet, obwohl es doch über alles Verstehen unendlich hinausgeht. Es besteht kein Entweder-Oder zwischen Unerforschlichkeit und etwaigem »Verstehen« in bezug auf die Ostertatsache. Es gibt für den Menschen einen Bewußtseinszugang, der wenigstens auf den Weg bringt, von dem man ahnen kann, daß er das wenn auch noch so ferne Mysterium einmal erreichen wird. Diese erste christliche Verkündigungsrede ist nicht etwa so beschaffen, daß Petrus nur eben kraft apostolischer Autorität die unerhörte Tatsache mitteilt und deren Hinnahme auf Autorität hin beanspruchen würde. Er fügt der Mitteilung »... ihn hat Gott auferstehen lassen, die Wehen des Todes lösend« den Satz hinzu: »Wie es denn nicht möglich war, daß er von ihm (dem Tode) hätte behalten werden können« (Apg. 2$_{24}$). »Wie es denn nicht anders möglich war« – so spricht man nicht von einem Geschehen, das jegliches menschliche Verstehen hoffnungslos transzendiert. So kann man doch nur sprechen, wenn man ein zumindest ganz beginnliches, keimhaftes »Einsehen« hat, aber eben doch ein Ein-Sehen. Die Begründung dazu gibt Petrus im Folgenden, das mit dem Worte »denn« anfängt. »Denn David sagt mit bezug auf ihn: ...« Und nun zitiert er eine Passage aus dem 16. Psalm.[6] Dieser Psalm läßt in die Seele eines alttestamentlichen Frommen hineinblicken, der durch die Stärke seines religiösen Innenlebens zu ganz außerordentlichen Hoffnungsperspektiven gelangt. Er beginnt damit, daß er »den Herrn allezeit vor Augen« habe. Aus solchem Leben in der permanenten Vergegenwärtigung Gottes erwächst ihm tiefe Beseli-

---

[6] Vgl. R. Frieling, »Aus der Welt der Psalmen«, Stuttgart 1958, S. 177 ff.

gung im Herzen, die sogar bis in die Leiblichkeit hinein ausstrahlt, die von der gotthingegebenen Seele bewohnt wird – »sogar auch mein Fleisch wird in Hoffnung wohnen«. Und diese »Hoffnung« eröffnet einen ungeheuren Ausblick: »Du wirst meine Seele nicht der Unterwelt (dem Hades) lassen, und du wirst deinen Frommen nicht preisgeben, die Verwesung zu sehen. Zu erkennen gabst du mir Wege des Lebens...« (Apg. 2$_{26\text{-}28}$, Ps. 16$_{9\text{-}11}$). Man darf in dieser Zuziehung des 16. Psalms durch Petrus vielleicht einen Nachklang der Unterweisungen sehen, die der Auferstandene dem Lukasevangelium zufolge (24$_{44}$) den Jüngern darüber gab, wie sie bei Moses, den Propheten und – das wird ausdrücklich hinzugefügt – in den Psalmen »das auf Mich Bezügliche (ta peri emou)« finden könnten. Was der Fromme schon jetzt hier im Erdenleben religiös-kraftvoll im Herzen erfährt, das trägt gleichsam eine Zukunfts-Garantie in sich, das läßt ihn hoffen für Seele und Leib über den Tod hinaus. Damit hat der Fromme einen Weg angetreten, der allerletzten Endes bis zur Auferstehung führt. Was im geistigen Ich-Kern des Herzens beginnt, das trägt die Kraft in sich, dereinst sich auf Seele und Leib auszuwirken. Wo davon auch nur eine erste Ahnung vorhanden ist, darf von der Auferstehung des Christus gesagt werden: »Wie es denn auch gar nicht anders möglich war«.

Petrus trug auch noch eine andere *Vorbereitung* auf das Ostermysterium in seiner Seele, die ihm durch sein Dabeisein bei der *Verklärung* auf dem Berge zuteil geworden war. Zusammen mit den beiden anderen auserwählten Jüngern durfte er Zeuge sein, wie das Antlitz des Christus leuchtend wurde wie die Sonne (Matth. 17$_2$) und wie sich die hervorbrechende Licht-Glorie auch bis über die Gewänder hin ausbreitete. Diese Lichterstrahlung ging hervor aus einem innerlichen Geschehen, aus dem Beten des Christus (Luk. 9$_{28.29}$)[7]. Das starke Innenerlebnis des Beters ergreift, vom Geistig-Seelischen ausstrahlend, schließlich auch die Leiblichkeit. »Metemorphóthē«, er wurde »verwandelt«, sagen Matthäus (17$_2$) und Markus (9$_3$). Es ist noch nicht die endgültige Metamorphose, aber die Verklärung liegt durchaus schon auf dem

---

[7] Vgl. R. Frieling, »Die Verklärung auf dem Berge«, Stuttgart 1969.

Wege[8], der letzten Endes in das Ostermysterium einmündet, das ja dann auch beim Abstieg vom Verklärungsberg ausdrücklich erwähnt wird. Der Christus gebietet den drei Jüngern, »über diese Schauung (horama) zu niemandem zu reden, bis des Menschen Sohn auferweckt ist von den Toten« (Matth. 17,9), bei Markus: »auferstanden« ist (9,9). Das Erlebte soll nicht zerredet werden. Indem es willentlich-übend beschwiegen wird, kann es sich in der Seele stärker auswirken, bis dann aus solchem schweigenden Bewahren und In-der-Seele-Bewegen als reife Frucht am Ostertag ein erstes anfängliches ahnendes Verständnis für die Auferstehung geboren wird, das sich schließlich zu der pfingstlichen Einsicht entwickelt: »wie es denn nicht anders möglich war«.

Daß die Auferstehung bei aller blitzartigen Plötzlichkeit ihres Hereinbrechens nicht ein »Mirakel« jenseits jeglicher Einsicht, sondern der Endpunkt eines vorangegangenen erkennbaren *Prozesses* ist, läßt sich auch aus dem Wort ablesen, das der Christus zu Martha, der Schwester des *Lazarus*, spricht, die soeben mit einer gewissen Resignation auf die für den Jüngsten Tag erhoffte Auferstehung der Toten hingewiesen hat. Dieses Christus-Wort gliedert sich dreifach. Zuerst: »Ich bin die Auferstehung und das Leben« (Joh. 11,25). Damit sagt der Christus: »Die Auferstehung, von der du bisher nur als von einem weit entlegenen Fernziel gehört hast – in Mir ist sie bereits gegenwärtig.« Der Christus spürt in seinem Inneren, in seinem »Ich bin« *schon jetzt*, noch während seines Erdenlebens, die Potenz der Auferstehung. Was er während jener Erdenzeit täglich im Innern trägt als permanente Gottverbundenheit, gibt ihm die Garantie seiner Auferstehungs-Mächtigkeit. Sein Himmelsbewußtsein liegt auch in der Zeit seiner Gebundenheit an die »sarx« nicht danieder, es hält sich aufrecht. Er kann zu den Jüngern sagen: »Ich lebe, und ihr

---

[8] Es ist auch zu beachten, daß Lukas nicht lange nach der Verklärung von einem Christuswort berichtet, das so klingt, als sei es aus dem Verklärungs-Erlebnis heraus gesprochen, aus dem Wissen um eine sich vorbereitende höhere Leiblichkeit. »Wenn nun dein Leib ganz lichthaft ist, so daß er kein Glied mehr hat, das finster wäre, wird er lichthaft sein durch und durch, wie wenn die Leuchte mit ihrem Blitze dich erlichtet (photizein)« (Luk. 11,35.36).

– werdet leben« (Joh. 14₁₉), das heißt doch: »In euch liegt das höhere Bewußtsein noch danieder.« Er konnte im Hinblick auf die geistig Unerweckten von den »Toten« sprechen, die man ihre Toten begraben lassen soll. In seinem Innern ist die Auferstehung schon lebendig.

Das führt zu dem zweiten Teil des Ausspruches: »Wer an Mich glaubt, der wird leben, auch wenn er stirbt.« Wer sich dem öffnet, was in Christi »Ich bin« als Auferstehung und Leben ist, der ist zwar damit noch nicht dem Todesverhängnis entnommen. Auch er muß eines Tages sterben, aber er *stirbt dann anders*. Er trägt das in ihm erregte höhere Leben durch den Tod hindurch. Das gilt in erster Linie für den Christus selbst. Der Sterbende weiß, daß er »heute noch im Paradiese sein wird« (Luk. 23₄₃). Seine Seele wird nach dem Verlassen des Leibes sonnenhell und ihres Ich-Bewußtseins mächtig durch das Toten-Reich wandeln, sie kann auch anderen Verstorbenen, deren Bewußtsein daniederliegt und darum die andere Welt als »*Hades*« empfindet, der Bei-Stand sein, an dem sie sich aufrichten. – Man hat gemeint, die Vorstellung des Seins im »*Paradiese*« stehe im Widerspruch zu der anderen Vorstellung von der Hades-artigen Schattenwelt der im »Gefängnis befindlichen Geister« der Toten, denen nach dem Ersten Petrusbrief (3₁₉, 4₆) der verstorbene Christus das Evangelium gepredigt hat. Wenn man unter »Paradies« und »Hades« nicht äußerliche Lokalitäten, sondern den Bild-Ausdruck für Bewußtseinszustände versteht, braucht kein Widerspruch angenommen zu werden. Weil der Christus nach seinem Tode im »Paradieses«-Zustande ist, eben deshalb kann er seine eigene Seelen- und Geistes-Helle den Abgeschiedenen zustrahlen, die sich nach ihrer Entkörperung im dunklen »Hades«-Zustand vorfinden.

Das griechische Wort »Hades« entspricht der hebräischen »Scheōl«, womit ebenfalls das Schattenreich als eine »Unterwelt« gemeint ist. Die heute verbreitete Kritik an dem primitiven »dreistöckigen Weltbild« der Antike ist recht oberflächlich. Man bedenkt nicht genügend, daß für die Menschen der früheren Zeiten Übersinnliches und Materielles noch viel stärker einander durchdrangen. Eine äußere Landschaft konnte in ihrer besonderen Gestalt und ihrer »Stimmung« als »Seelenlandschaft« erlebt werden. Im Anblick einer düsteren »trostlosen« Landschaft konnte sich das innere Auge für eine entsprechende Seelen-Zuständlichkeit erschließen, die als solche einer anderen Seins-Ebene angehört. In dieser Art könnte die angeblich so kraß-abergläubische Vorstellung verstanden und gewürdigt werden, daß etwa eine bestimmte geographische Örtlichkeit als Eingang in das Totenreich angesehen wurde. Die Vorstellung eines schattenhaften Unterwelt-Reiches hat eine tiefe Bildrichtigkeit. Bei ihrer Geburt war die Seele aus einem geistigen Lichtreiche zur Erde niedergestiegen, sie hat vielleicht ihr Erdenleben so verbracht, daß sie, von den irdischen Angelegenheiten ganz überwältigt, ihre höhere Herkunft mehr oder weniger vergessen hat. Im Tode wird sie durch die Wegnahme der Körperlichkeit sozusagen zwangsweise »repatriiert«, aber sie hat ihre Wahrnehmungsfähigkeit für die Geisteswelt zu einem großen Teil verloren. Mag die Geistessonne noch so hell scheinen – wem das Auge fehlt, der wandelt trotzdem in der Finsternis. Oder anders gesagt: Das ungut verbrachte, nun durch den Tod beendete Erdenleben wirft seinen Schatten ins Jenseits, schiebt sich zwischen die Geistessonne und den Verstorbenen. Der Hades ist das vom beendeten Erdenleben her verschattete Jenseits, er ist, mit dem Ersten Petrusbrief zu sprechen, die Welt der »Geister im Gefängnis«. Ein herabgesetztes Dasein, dem nach der Entkörperung die freie Selbstbestimmung, die auf Erden da war, abhanden gekommen und dem andererseits das Wahrnehmen der höheren Welt und das Wirken als Geist unter Geistern noch nicht erschlossen ist. – Auf die Theorie vom »Ganztod« werden wir an anderer Stelle noch zurückkommen. Vorerst genüge die Feststellung, daß im Einklang mit altchristlicher Anschauung das Wort »der lebt, auch wenn er stirbt« im höchsten Sinne auf den Christus selbst anwendbar ist. Sein Geistig-Seelisches war mit dem Tod am Kreuz nicht ausgelöscht, es weilte in höchster Lebendigkeit im Reiche der Verstorbenen, zwischen dem Karfreitagnachmittag und dem Ostermorgen. In der Stille des Karsamstages klingt der Karfreitag aus und bereitet sich schon der Ostersonntag vor. Wie der Tod auf Golgatha als letzte Erden-Konsequenz des Herabstieges in die »sarx« die Erde erbeben machte (Matth. 27[51]), so wird am Ostermorgen die Erde abermals erschüttert (Matth. 28[2]). Die Geschehnisse im Reiche der Entkörperten vollzogen sich, während die tiefe Sabbatstille über Jerusalem lag (Luk. 23[56]). Das Erdbeben am Ostermorgen kündet an, daß nunmehr etwas geschehen ist, das wiederum die Erde selber angeht.

Wir kehren zu dem Wort zurück, das am Grabe des Lazarus gesprochen wurde. »Ich bin die Auferstehung und das Leben. Wer an Mich glaubt, der lebt, auch wenn er stirbt.« Es folgt nun noch ein dritter abschließender Satz: »Und ein jeder, der da lebet und glaubet an Mich, wird nicht sterben in Ewigkeit« (Joh. 11[26]). Das geht noch über das »Leben im Sterben« hinaus. Der Christus-Ausspruch erhebt sich in seinem krönenden Abschluß zu der ganz großen überschwänglichen Verheißung eines *»Nimmermehr-Sterbens«*. Nicht nur, daß der Träger höheren Lebens »anders stirbt«, »in Christo stirbt«, wie das als erster sterbender Christ der Märtyrer Stephanus verwirklicht hat (Apg. 7[55-60]), es soll nicht nur durch den Tod anders hindurchgegangen, sondern der Tod soll als solcher einmal ausgeschaltet werden. Wie der Sündenfall den Tod des Leibes zu seiner Konsequenz hatte, so ist die letzte Konsequenz der Überwindung der Sünde die Tod-Austreibung aus dem Leibe. »Als letzter Feind wird außer Kraft gesetzt der Tod« (1. Kor. 15[26]). Dann wird der irdische Leib, der einem Paulus den Schmerzensruf entpreßt: »Wer wird mich befreien aus diesem Leib des Todes?« (Röm. 7[24]), nicht nur wie bei der Verklärung auf dem Berge »durchgeistigt« sein, sondern im vollen Sinne »vergeistigt«.

Der irdische Leib ist für den Menschen das Instrument, das ihm zu einem Selbstbewußtsein seiner eigenen Person verhilft. Dieses Selbstbewußtsein ist zunächst vom Sündenfall her egoistisch tingiert, und dieser Leib todverfallen. Er kann, so wie er ist, noch nicht das Instrument des wahren Ich sein. »Mein« Leib ist nur zu einem geringen Teil wirklich »mein« Leib, er trägt die Erbmasse von den Vorfahren in sich. Nur in einem mehr oder weniger beschränkten Maß wird ein Menschenleib der wahre Ausdruck der eigentlichen Persönlichkeit. Auch der Christus mußte einen Vererbungsleib annehmen, aber indem er als das große selbstlose

Ich-bin darin wohnte, konnte er ihn immer mehr vom Geiste her sich zu eigen machen. Er durfte beim Abendmahl wahrhaft sagen »Mein« Leib, »Mein« Blut. Eben darum konnte er auch über das wahrhaft Seinige völlig verfügen und es aus selbstloser Ichheit heraus völlig hingeben: »Nehmet hin«. Geben kann man nur aus dem Eigenen. Bei dem Christus gewinnt das »Ich« und das »Mein« seine wahre Gestalt wieder. Es ist da nicht der Ausdruck des egoistischen Besitzens, sondern gerade die Grundlage für das selbstlose Hingeben. Dieser Leib, den der Christus schon so weit durchdrungen und durchgeistigt hat, wird nun durch das große Wandlungs-Mysterium des Ostermorgens endgültig »Sein« Leib, als das endgültige angemessene Instrument seiner Ichheit.

Der *Auferstehungsleib* ist aus dem *Erdenleib* heraus verwandelt. Er wäre ohne diesen nicht entstanden. Es besteht eine Kontinuität, das kommt zum Ausdruck durch die Wundmale (Joh. 20$_{20.27}$). In dem Osterbericht des Lukas wird ausdrücklich betont, daß es sich nicht um den erscheinenden »Geist« eines Verstorbenen handelt (24$_{37}$), wie die Jünger zuerst meinten. Solche Erscheinungen hat es zu allen Zeiten gegeben. Hier aber handelt es sich um etwas anderes. Der Auferstandene zeigt seine »Hände und Füße«, sie sollen daran sehen, »daß Ich es Selbst bin« (24$_{39}$), »ego eimi autos«, die stärkste Formel der Ich-Identität. Diese Ich-Selbstheit offenbart und betätigt sich in der Form des Menschenleibes, bei dem allein man im Unterschied zum Tiere von »Hand« und »Fuß« im wahren, echten Sinne sprechen kann. Im weiteren ist sogar noch die Rede von »Fleisch und Knochen«, die ein bloßer entkörperter Toten-Geist »nicht hat«. Fleisch – also »sarx«. Um etwas Grobstoffliches kann es sich nicht handeln, denn der Auferstehungsleib geht durch geschlossene Türen (Joh. 20$_{19}$), er kann sichtbar werden und wieder »von ihnen weg unsichtbar (a-phantos) werden« (Luk. 24$_{31}$). Aber durch das Wort »sarx«, das in den synoptischen Evangelien nur hier für den Christus selbst gebraucht ist, wird auf drastische Art auf die Zusammenhänglichkeit mit dem bis zum Tode hin getragenen Jesus-Leib hingedeutet. Ebenso durch das Wort »Knochen«. Das Knochengerüst des Menschen ist doch im Grunde ein Form- und Strukturgebilde wunderbarster Art, das durch die materiellen

Stoffe nur eben sichtbar gemacht wird, das aber als solches eine göttliche Gedankenfigur ist. Der Erdenstoff ist abgefallen, die geistgezeugte Gestalt macht sich dem Schauen der Jünger vorübergehend sichtbar. Auch das, was die Jünger als das »Essen« des Auferstandenen erleben (Luk. 24$_{42.43}$), weist auf die Leibhaftigkeit hin, wobei wir offenlassen, ob es sich um Bild-Schau oder um so etwas wie eine Entmaterialisierung gehandelt haben mag. Das Essen und Trinken war ja für die Jünger im Zusammenleben mit ihrem Meister immer schon mehr als nur eine gewöhnliche Nahrungsaufnahme gewesen.

Hier kommt in Betracht, daß der Leib, der die Zusammenhänglichkeit und Selbigkeit verbürgt, doch eben durch eine über alle Begriffe hinausgehende Wandlung gegangen ist. Was Paulus in bezug auf den von Menschen erhofften dereinstigen Auferstehungsleib ausführt, daß »Fleisch und Blut« – unverwandelt – »das Reich Gottes nicht ererben können« (1. Kor. 15$_{50}$), daß das »Verwesliche das Unverwesliche, das Sterbliche Unsterblichkeit (athanasia) anziehen soll« (1. Kor. 15$_{53}$), wodurch der Tod in den Sieg hinein »verschlungen« wird (1. Kor. 15$_{54}$) – all das geschieht bereits am Ostermorgen mit dem Leib des Christus. Was für den Menschen ein Fernziel ist – »*am Jüngsten Tage*«, am Ende dieses Äons –, das hat der Christus für seine Person am Ostertage »*schon jetzt*« erreicht, gleichsam mit gewaltigen Gottesschritten in jenen drei Tagen die Zeitspanne durchschreitend, die den Menschen noch vom Jüngsten Tage trennt. *Die österliche Auferstehung ist nichts Geringeres als sozusagen ein Stück Jüngster Tag, aus dem kommenden Äon hereingeimpft in unsere Weltenzeit.* Hier hat wahrhaft die »Zukunft schon begonnen«. Diese Tatsache ist so einzigartig und gewaltig, daß man sich, wie es Schelling einmal ausdrückt, »ein Herz zu ihr fassen« muß, will man ihr nähertreten. »Denn ein Herz gehört allerdings dazu wegen der Überschwänglichkeit des Gegenstandes« (Philosophie der Offenbarung, 24. Vorlesung).

Die Himmelfahrt

Die Auferstehung, der in ihrem Auftreten am Ostermorgen etwas *Blitzartiges* eignet, hat sich gleichwohl aus dem Vorangegangenen in der Stille *herentwickelt:* aus dem Innenleben des verkörperten Christus während seiner Erdenleibeszeit, aus dem Geschehen des Gründonnerstags und des Karfreitags und aus dem, was sich am Karsamstag im Totenreich vollzog. Es ist auch nach dem entscheidenden Ostermorgen so etwas wie eine Weiter-Entwickelung zu erkennen, durch die das aus dem Tode heraus Geborene sich weiter im Sein befestigt. Am Ostermorgen ist es noch ganz »zart«, so daß es ein menschliches »Be-greifen« nicht verträgt. »Noli me tangere!« Eine Woche später ist das bei der Begegnung mit dem Zweifler Thomas bereits anders (Joh. 20$_{17}$, 20$_{27}$). »Rühre mich nicht an« – das wird begründet: »denn ich bin noch nicht aufgestiegen zu dem Vater«. Und im weiteren lautet das Wort in der Gegenwartsform: »Ich steige auf zu meinem Vater...« Er ist also schon auf diesem Wege, der ihn zum Vater führt. Als er eine Woche darauf Thomas auffordert, ihn anzurühren, zu be-greifen, ist er inzwischen, wie es scheint, auf diesem Wege, den er am Ostermorgen antrat, eine Strecke weitergekommen. Der Vater trägt die tiefsten und letzten Kräfte der Welt in sich – »er ist größer als ich«. Indem der Auferstandene den Weg zum Vater geht, durchdringt er den neugeborenen Auferstehungsleib immer mehr mit diesen tiefsten und letzten Kräften, macht ihn immer »seiender«. Johannes hat in seinem Bericht nicht den Vorgang der Himmelfahrt, 40 Tage nach Ostern, geschildert, aber er hat mit diesem Wort vom Ostermorgen »Ich steige auf zum Vater« auf etwas Prozeßhaftes hingedeutet, das dann am eigentlichen Himmelfahrtstag zum Abschluß kommt.

Die *Himmelfahrt*, wie sie *Lukas* darstellt, erscheint zunächst wie ein Weggehen des Christus von den Seinen. Er wird emporgehoben und entschwindet in den Wolken. Auch hier wieder hat es die christliche Erkenntnis nicht nötig, sich durch den Einwand des überholten dreistöckigen Weltbildes einschüchtern zu lassen. Das »Aufreißen« des Himmels bei der Jordantaufe war kein äußerer, von jedermann beobachtbarer Vorgang. Nur Jesus und Johannes haben das »gesehen«. Gleichwohl war es keine Phantasterei, sondern eine Schauung in einem Wahr-Bilde, das sein Bild-Material von der äußeren Welt-Erscheinung hernimmt. Der sich über uns wölbende lichte weite Himmel, ein optischer Eindruck zunächst, gibt das Bild her, in das sich die Geistes-Schau kleidet. In ihr gibt sich die objektive Tatsache kund, daß ein Geisteswesen, das bisher in höheren übersinnlichen Welten zuhause war, aus diesem Zustand heraustritt und sein Dasein in den Erdenbereich verlegt. Der Herabgestiegene – dieser Ausdruck ist zutreffend – hat nun seinen Weg in der »sarx« vollendet und dieser »sarx« den verwandelten »pneumatischen« Auferstehungsleib entrungen. Diese seine irdische Errungenschaft trägt er nun empor, um sie den oberen Welten einzuverweben. Der Hebräerbrief hat es dargestellt, wie der durch Golgatha Gegangene seine Opfertat nun in das Allerheiligste des Himmels hinaufträgt. – Die Bewohner der höheren Welten haben bisher außerhalb der Todes-Erfahrung gelebt, die nur im menschlichen Erdenleibe zu haben ist. Hölderlin konnte im Sinne der alten Griechen zu diesen Himmelsbewohnern emporblicken: »Ihr lebt droben im Licht...«, er empfindet um so schmerzlicher das »wir aber...« Das ist durch die Menschwerdung des Christus anders geworden. Von außerhalb des menschheitlichen Schuldverhängnisses kommend machte er sich in freiem Opfer solidarisch mit der Menschheit, indem er die Todes-Erfahrung in seine göttliche Seele aufnahm, den »Tod schmeckte« (Hebr. 2$_9$). Seitdem gibt es in der Himmelswelt den *Gott mit den Wundmalen* (Apok. 5$_6$). Der Himmelswelt ist dadurch von der Erde her etwas eingefügt worden, was vorher in ihr noch nicht vorhanden war. Die Tat von Golgatha konnte nur auf Erden vollbracht werden. Der Erste Petrusbrief sagt geradezu, daß es »die Engel gelüstet, sich herunterzuneigen«, um das aufzunehmen, was durch die Christus-Tat geschehen ist (1. Petr. 1$_{12}$). Die Johannes-Apokalypse spricht, ein altes Jesajawort (Jes. 65$_{17}$) nun mit dem christlichen Inhalt erfüllend, nicht nur von einer künftigen »Neuen Erde«, sondern auch von einem »Neuen Himmel« (21$_1$, vgl. auch 2. Petr. 3$_{13}$). Die oberen Welten der Engelreiche gewinnen etwas durch das, was von der Erde her nach oben strahlen kann, sie erfrischen und verjüngen sich an dem, was der Christus zu ihnen hinaufträgt. Diese Einfügung des auf Erden aus dem Tod geborenen Auferstehungsleibes in die oberen Welten ist der Hintergrund des Himmelfahrt-Bildes.

Man kann darauf aufmerksam werden, wie stark in dem Lukasbericht das »*Sehen*« seitens der Jünger eine Rolle spielt. Er ward emporgehoben »zusehends« (Apg. 1,9), »indem sie es sahen«. Die Wolke nahm ihn vor ihren »Augen« hinweg. Sie »blickten angestrengt« gen Himmel (1,10). »Was stehet ihr blickend gen Himmel?« (1,11). »Er wird wiederkommen in der Weise, wie ihr ihn ›geschaut‹ habt zum Himmel fahrend« (1,11). – Es handelt sich nicht um mirakulöse Levitation eines materiellen Körpers, nicht um etwas, das jedermann hätte sehen können. Es ist ein Schau-Erlebnis der Jünger. Das Entschwinden in den Wolken ist die Bild-Einkleidung der Erfahrung, daß der bisher ihrer Schau gelegentlich erreichbar gewesene Auferstehungsleib nunmehr ihre Schauenskräfte »übersteigt«, sie können mit seiner weiteren Vergeistigung nicht mehr Schritt halten und erleben das als sein »Entschwinden«.

Dem Herniedersteigen, dem »katabainein«, von dem im Johannesevangelium so nachdrücklich die Rede ist, folgt von Ostern an das *Emporsteigen*, das »anabainein«. Die christliche Verkündigung hat sich dieser Worte vom Niedersteigen und Aufsteigen nicht zu schämen, als sei das weltanschaulich überholt. Mit diesem Auf- und Niedersteigen, wenn es als Ausdruck für eine Bewußtseins-Bewegung zwischen verschiedenen Seins-Ebenen verstanden wird, hat es absolut seine Richtigkeit. Es gehört zu den grundlegenden Wahr-Bildern der Bibel. Der Erzvater Jakob erschaut im Traume die *Himmelsleiter*, die das Oben mit dem Unten verbindet. »Und siehe, eine Leiter stand auf der Erde, die rührte mit der Spitze an den Himmel, und siehe, die Engel Gottes stiegen daran auf und nieder« (1. Mos. 28,12). Himmlisches Oben und irdisches Unten sind zu Beginn der Schöpfung auseinandergetreten, um in ihrer Polarität ein Spannungsfeld zu schaffen, als Schauplatz des Menschentums. Die beiden Welten sollen füreinander fruchtbar werden. Es geht dauernd ein Kräftestrom von oben nach unten, ein anderer von unten nach oben. Bewohner der höheren Welten, Engelwesen, sind in dieser zweifachen Richtung in Bewegung. Sie tragen fortwährend Himmlisches zur Erde, sie sollen von der Erdenmenschheit her dasjenige emportragen und dem Himmel einfügen, was nur auf Erden hervorgebracht werden kann.

Im Johannesevangelium ist einmal von einem Engel die Rede, der, wenn sich das Wasser bewegt, in den Teich Bethesda »herabsteigt« (5,4) und dem aufwirbelnden Wasser die Heilkräfte mitteilt. Die Engel steigen nicht so tief herab, daß sie sich verkörpern, allenfalls mag dieser Bethesda-Engel sich einen vorübergehenden Erscheinungsleib bilden über dem Wassersprühen, der von manchen Menschen noch hellsichtig wahrgenommen werden konnte. Der Mensch selber aber steigt gründlicher herab ins Irdische. Er soll auf Erden seine Selbständigkeit gewinnen und den Ertrag dann den oberen Welten zubringen. Aber aus seinem Absteigen zur Erdenverkörperung, das als solches »gottgewollt« war, ist ein »Fallen« geworden. Er ist der einseitigen Anziehungskraft des Unten erlegen, und dadurch ist in das harmonische Auf und Nieder zwischen Himmel und Erde eine Störung gekommen. Die Engel finden immer weniger, was »hinauftragenswert« ist, das irdische Menschendasein dichtet sich immer mehr gegen das ab, was die Engel heruntertragen möchten. Wenn der Mensch stirbt, hat er es schwer, sich in die Aufwärtsbewegung hineinzuleben. – Der Christus stellt in seiner Menschwerdung das Verhältnis von Oben und Unten wieder urbildlich her. Anknüpfend an die uralte Jakobs-Schau spricht er vom Himmel, der wieder offen über der Erde stehen soll, und vom »Hinauf- und Hinabsteigen der Engel auf den Menschensohn« (Joh. 1,51). Er selber vollzieht im großen Stil, in Einmaligkeit, das dem Menschen zugedachte Auf- und Niedersteigen. Sein Niedersteigen führt bis zum Tod auf Golgatha und zum »Hades«, in seiner österlich-himmelfahrtlichen Aufwärtsbewegung trägt er den der Erde abgerungenen Auferstehungsleib nach oben.

Sein Hinwegschwinden aus der Schau der Jünger ist nicht so zu nehmen, als widerspräche es dem Wort des Auferstandenen: »Siehe Ich bin bei euch alle Tage.« Die Himmelfahrt ist vielmehr gerade die Voraussetzung dafür, daß dieses Versprechen wahrge-

macht werden kann. Während seines Jesus-Lebens war der Christus nur für die Menschen da, die damals, in Palästina lebend, ihm über den Weg liefen. Als eines Tages die Griechen nach ihm fragen, empfindet das der Christus wie ein Signal, daß die »Stunde gekommen« sei, wo der Menschensohn verherrlicht (doxazein) werden muß – wo er durch die Glorifizierung, die große Verwandlung, eine solche Daseinsweise gewinnt, aus der heraus er für alle Menschen da sein kann (Joh. 12,23). Indem der Auferstehungsleib mit dem Himmlischen durchdrungen wird, erfährt er eine *Ent-schränkung.* Er ist dann der Geistwelt einverleibt als ein über das Räumliche erhabenes Kräfte-Gebilde, das aus seiner geistigen Überräumlichkeit heraus *»überall«* ins Räumliche hineinwirken kann. Darauf wird noch zurückzukommen sein. –
Nachdem wir nun auch das »Hinaufsteigen« in Auferstehung und Himmelfahrt in seiner *Einmaligkeit* und *Endgültigkeit* betrachtet haben, müssen wir abermals, wie nach der Betrachtung des Niedersteigens (S. 25) konstatieren, daß im Rahmen *dieser* Geschehnisse für eine *Wiederverkörperung schlechterdings kein Raum ist,* indem der Christus das Menschen-Fernziel des Jüngsten Tages durch Ostern und Himmelfahrt bereits mit mächtigen Gottesschritten für sich selbst verwirklicht hat.
Immerhin könnte noch auf die *»Wiederkunft* Christi«, die »Parousia«, verwiesen werden – ob dieses Wiederkehren nicht vielleicht mit Wiederverkörperung etwas zu tun hat? Einen Schlüssel gibt da die Himmelfahrts-Erzählung. Indem der Christus dem Schauen der Jünger entschwindet, vernehmen die Jünger das Engelwort, daß er »kommen« werde: »in der Weise, wie ihr ihn geschaut habt zum Himmel fahrend« (Apg. 1,11). Wie er in die Wolken hinein entschwand, so soll er aus den Wolken heraus[9] künftig wieder vor die Anschauung der Menschen treten (Matth. 24,30, 26,64, 1. Thess. 4,17, Apok. 1,7, 14,14). Das Wolkenreich, in dem sich fortwährend »Gestaltung – Umgestaltung« vollzieht, ist zugleich wie ein Bild für die Sphäre der »Möglichkeiten«, die unsere Erde umgibt. Es ist der Teil der Erde, wo noch alles bildsam

---

[9] Zu dem Wolken-Motiv vgl. Friedrich Benesch, »Das Ereignis der Himmelfahrt Christi«, Stuttgart 1974.

und plastizierbar ist, wo noch alles werden kann, andererseits empfängt es die Einstrahlungen und Einflüsse des näheren Himmels. In dieser Sphäre, wo sich Irdisches und Himmlisches begegnet, in diesem Bereich des Zukünftig-Möglichen, waltet seit der Himmelfahrt der Christus. Aus dieser Daseinsform heraus kann er für alle Menschen in einer ent-schränkten Weise da sein: »Ich bin bei euch alle Tage.« Zunächst hat diese neue Daseinsform das schauende Bewußtsein der Jünger überschritten. Die Verheißung seines abermaligen »Kommens« ist ebensowenig wie die Himmelfahrt ein Widerspruch zu dem Wort »Ich bin bei euch«, das »Kommen« ist ein »zum Bewußtsein Kommen« seiner bereits begründeten Gegenwärtigkeit. Daß »Er bei uns« ist, besagt ja noch nicht, daß auch »wir bei Ihm« sind – so wie der Pfleger, der den Schlaf eines Kranken bewacht, wohl bei ihm ist, aber der Schlafende ist in seinem Bewußtsein nicht beim Pfleger, solange er nicht für diesen Tatbestand aufwacht. Die Anwesenheit des Christus seit der Himmelfahrt ist für die Menschheit zunächst verborgen. Die Verheißung der Wiederkunft zielt auf ein künftiges Erwachen der Menschheit für diese geheimnisvolle Präsenz. »Wie ihr ihn gen Himmel fahrend geschaut habt, auf eben diese Weise wird sich sein Kommen vollziehen.« Das schauende Bewußtsein soll in der Zukunft erwachen und ebendort wieder anknüpfen, wo es damals bei den Jüngern abgerissen ist. Das »Kommen« bringt eine »Bewußtseins-Erweiterung« auf seiten der Menschen mit sich, die dann die Wirklichkeit des Christus unmittelbar selbst erfahren werden, so wie sie Paulus bei Damaskus unmittelbar selbst erfuhr. Daß die Wiederkunft im Bereich der Wolken erfolgen soll, besagt mit aller Deutlichkeit, daß es sich nicht um eine Rückkehr des Christus in die irdische »sarx« handelt. Das wäre ja im Hinblick auf die im Auferstehungsleib erreichte letzte Vollendung völlig sinnlos. – Daß der Christus nicht im Fleischesleibe sich wiederverkörpert, war der entscheidende Differenzpunkt, als es 1912/13 zu einer Trennung zwischen Rudolf Steiner und der Theosophischen Gesellschaft kam, in deren Rahmen er zunächst, wenn auch völlig selbständig, gewirkt hatte. Es ist bemerkenswert, daß der Begründer der modernen anthroposophischen Reinkarnationslehre zugleich auf das

39

nachdrücklichste betont hat, daß eine Wiederkehr Christi im Fleische, wie sie damals in theosophischen Kreisen erwartet wurde, nicht in Frage kommt und daß mit einer solchen Anschauung die wahre Erkenntnis des Christuswesens in seiner Einzigkeit völlig verfehlt würde.
Auch im Hinblick auf die »Wiederkunft« bleibt die Einsicht bestehen: *Auf den Christus selbst ist die Wiederverkörperungsvorstellung nicht anwendbar.*
Der Christus selbst und sein Werk ist die Grund-Tatsache des Christentums. Aber dieses Werk möchte nun, nachdem es Wirklichkeit geworden ist, von der Menschheit frei erkannt, bejaht und innerlich ergriffen werden. Der Gesamtbegriff »Christentum« schließt auch dieses in sich, daß zu der Menschwerdung des Christus als Antwort hinzukommen soll die Christwerdung des Menschen. Wir gehen nunmehr zu dieser anderen Seite des Christentums über, um dann abermals die Frage nach der Wiederverkörperung zu stellen.

Die Christwerdung des Menschen

Im Philipperbrief schreibt Paulus: »Nicht daß ich es schon ergriffen hätte oder schon vollendet wäre, ich jage ihm aber nach, ob ich es ergreifen möchte, aufgrund dessen, daß ich selbst ergriffen bin von Christus Jesus« (3_{12}). Im Ersten Johannesbrief lesen wir: »Es ist noch nicht erschienen, was wir sein werden« (3_2). In der Bergpredigt steht das unerhörte Wort: »Ihr sollt vollkommen sein, wie euer himmlischer Vater vollkommen ist« (Matth. 5_{48}).
Es sollte kein Zweifel daran bestehen, daß das Christwerden wirklich ein »Werden«, eine *wachstümliche* Angelegenheit ist, daß es einer Entwickelung unterliegt. Das Neue Testament ist voll von Hinweisen auf die innere Arbeit, durch welche all das, was im »bisherigen« Menschentum als unvollkommen, wahrhaft

als »Rohstoff« vorhanden ist, umzuwandeln wäre, kraft der Verbundenheit mit dem Christus. Paulus, der so kräftig vor pharisäischer Selbstherrlichkeit warnt, die da vermeint, vor Gott mit »guten Werken« hintreten zu können, erhebt doch eine Forderung wie diese: »Seid gesinnet wie der Christus Jesus« (Phil. 2₅). Im Johannesevangelium wird auf die Frage nach den zu tuenden guten Werken die Antwort gegeben: »Dies ist das Werk Gottes, daß ihr glaubet an den, welchen er gesandt hat« (Joh. 6₂₉). »Glauben« heißt hier doch, sich dem Christus öffnen, damit sein Wesen in den Menschen einströmen kann. Daraus gehen dann mit höherer Naturnotwendigkeit ohne besonderes Forcieren die »guten Werke« hervor. Aber hervorgehen sollen sie, andernfalls wäre es eben mit dem Glauben nicht in Ordnung. Der Glaube schließt das Element der willentlichen »Übung« keineswegs aus. »Übe dich zur Frömmigkeit hin«, so ermahnt Paulus den Timotheus (1. Tim. 4₇, griechisch: »gymnazein«). Der Hebräerbrief spricht von den »Wahrnehmungsorganen« (aistheteria) höherer Art, die »geübt« werden (5₁₄). Ohne aktives Dazutun des vom Glauben ergriffenen Menschen kommt das nicht zustande, was Paulus im 2. Korintherbrief (3₁₈) beschreibt als die Widerspiegelung des Christus-Bildes (eikon) auf unserem enthüllten Antlitz – ohne aktives Wollen des Menschen kommt es nicht dazu, daß wir uns der Strahlung dieses Urbildes gleichsam »exponieren«, damit die Verwandlung eintreten kann »von einer Klarheit zur anderen«. Auch das Wort »Fortschritt« (prokopé) findet sich bei Paulus in bezug auf die innere christliche Entwickelung im Brief an die Philipper (1₂₅) und an Timotheus (1. Tim. 4₁₅), ebenfalls der Begriff der »Stufe« (bathmos), im Lateinischen als »gradus« wiedergegeben (1. Tim. 3₁₃).

Das Erlebnis der Gnade schließt die eigene Bemühung nicht aus, diese letztere kann sogar erst recht für das Gewahrwerden der Gnade aufschließen. Das Ineinander von strebendem Bemühen und Gnade hat Paulus im Philipperbrief klassisch durch die Paradoxie formuliert: »*Erarbeitet* euch (katergázesthe) eure eigene Erlösung mit Furcht und Zittern; *denn Gott ist es*, der in euch bewirkt das Wollen und das Kräftewirken (energein) nach seinem Wohlgefallen« (2₁₂). Ebenso im Johannesevangelium: »*Erarbeitet*

(ergázesthe) euch die Speise, nicht die vergängliche, sondern die Speise, die in das ewige Leben hinein dauert, die der Menschensohn euch *geben* wird« (6$_{27}$). Erarbeiten, was gegeben wird!
Daß es sich in der Entwickelung des Christenmenschen nicht nur darum handelt, einem Vorbild nachzustreben, das als solches außerhalb des Strebenden stehenbleibt, zeigt deutlich die paulinische und johanneische Formel von dem Innewohnen. »Ich bin mit Christus gekreuzigt. So lebe denn nicht mehr ich, es lebt in meinem Ich der Christus« (Gal. 2$_{20}$). »Ihr in Mir und Ich in euch« (Joh. 14$_{20}$). Das Ich, in dem sich die eigene Persönlichkeit bewußt ergreift, ist die oberste Instanz im Menschenwesen. Wird der Christus dahinein aufgenommen, so durchdringt die verwandelnde Wirkung nach und nach den ganzen Menschen und erreicht schließlich auch seine Leibes-Tiefen. »Ist jemand in Christo, so ist er eine neue Kreatur« (Ktisis, Schöpfung, 2. Kor. 5$_{17}$). Daß es sich um eine solche, den ganzen Menschen ergreifende Wesens-Einigung im Christwerden handelt, um das Aufnehmen eines ganz konkreten Wesens-Einflusses, kommt in dem *Heiligen Mahl* zum Ausdruck, das in der Christenheit von jeher gefeiert wurde (Apg. 2$_{46}$). In dem johanneischen Speisungskapitel, das wie eine Vorverkündigung des Abendmahlsgeheimnisses anmutet, gerade ein Jahr vor Golgatha, ist das Verhältnis des Christen zu dem Christus auf die kürzeste Formel gebracht: *»Wer mich isset...«*(6$_{57}$). Die Vereinigung beginnt im Geistig-Seelischen, aber je mehr sie fortschreitet, desto tiefer dringt sie in die darunterliegenden Schichten des Menschenwesens ein und erreicht schließlich auch die Leiblichkeit. Die frühchristlichen Menschen haben es lebensvoll empfunden, daß sie durch Brot und Wein des Abendmahles in Verbindung kamen mit dem Auferstehungsleib des Christus, die Kommunion war ihnen »pharmakon athanasias«, Heilmittel zur Todlosigkeit (Ignatiusbrief an die Epheser XX). Das Erlebnis der Kommunion vermittelte ihnen einen Vorgeschmack ferner Zukunftsvollendung. Athanasia – Paulus gebraucht dieses Wort da, wo er vom künftigen Auferstehungsleib spricht, in dem das Sterbliche »athanasia anzieht« (1. Kor. 15$_{53}$). Es tritt also ein Zusammenhang zwischen Kommunion und »Jüngstem Tag« in Erscheinung.

Im 6. Kapitel des Johannesevangeliums wird beides ganz ausdrücklich zusammengebracht: *Kommunions-Erlebnis* und *Jüngster Tag*. Im Anschluß an die Speisung der Fünftausend spricht der Christus zunächst vom »Brot des Lebens« (dreimal: 6,35. 48. 51). Beim dritten Mal geht er zu noch größerer Konkretheit über: »Und das Brot, das ich geben werde, ist mein Fleisch, das ich hingeben werde für das Leben der Welt« (6,51), wobei »Welt« = »Kosmos« im Neuen Testament nicht meint, was wir heute Kosmos nennen, sondern die Welt des Erdenmenschen in ihrer Erlösungsbedürftigkeit. Hierbei kann auffallen, daß der Christus statt »Leib« (»soma« bei der Abendmahlseinsetzung) das Wort »*sarx*« gebraucht, das uns im Vorangehenden bereits beschäftigt hat. Ist dieser Ausdruck nicht zu derb? Und noch dazu in dem »geistigsten« der vier Evangelien? Man meint, die murrenden Juden hätten nicht so ganz Unrecht, wenn sie an der »harten« (»sklerós«) Rede Anstoß nehmen (6,60). Man muß dazu bedenken, daß wir dem Wort »sarx« hier nicht zum ersten Mal im Johannesevangelium begegnen. Es steht in höchster Bedeutsamkeit im Prolog: »Das Wort ward Fleisch.« Es liegt dem Evangelisten im Prolog daran, keinen Zweifel zu lassen, daß der Christus wirklich bis in den Erdenleib des Menschen herabgestiegen und nicht in einer mehr ätherischen Hülle oberhalb der Ebene verblieben ist, wo man dem Tod begegnet. Wenn nun eben dieses Wort in bezug auf das Kommunions-Erlebnis gebraucht wird, so wird dadurch in einer allerdings drastisch-radikalen Weise klargestellt, daß der in der Kommunion zu empfangende Leib ohne den Eintritt des Christus in die Sphäre der »sarx« nicht zustande gekommen wäre. Es ist ein ähnlicher Ausdrucksradikalismus wie im Auferstehungskapitel des Lukas, wo von »Fleisch und Knochen« des Auferstandenen die Rede ist. Der in der Kommunion wirksame »Leib« konnte nur aus der irdischen Todesleiblichkeit herausverwandelt werden. Erst im späteren Verlauf der Christus-Rede wird es ganz deutlich, daß das Wort »sarx« hier selbstverständlich das Vorzeichen der Transsubstantiation hat, ohne welches die bloße »sarx« als solche »nichts nütze ist« (6,63). Nun ist aber doch der Fleischesleib des Christus vom »lebenschaffenden Geist« durchdrungen und vergeistigt worden, und dadurch ist er nicht nur nicht »nichts nütze«, sondern gerade kraft dieser Wandlung etwas Höchstes und Letztes.

Wenn der Christus von seinem »Fleisch« und »Blut« spricht als von heilsnotwendigen Gaben für den kommunizierenden Menschen, ist damit nichts »bloß Bildliches« gemeint, sondern Spirituell-Wirkliches. Die Juden haben an der »harten« Rede Anstoß genommen. »Wer mag dergleichen anhören!« (Joh. 6$_{60}$). »Wie kann dieser uns sein Fleisch zu essen geben?« (6$_{52}$). Selbst unter der Gefolgschaft des Christus entsteht Unsicherheit (6$_{61}$). Wie antwortet der Christus darauf? Er weist auf die kommende Himmelfahrt hin. »Das ist euch anstößig? Wie nun aber, wenn ihr den Sohn des Menschen emporsteigen (anabainein) seht dorthin, wo er vorher war?« (6$_{61.\,62}$). Inwiefern ist dieser Hinweis auf die Himmelfahrt eine Erkenntnishilfe, die doch offenbar mit diesem Wort den Zweifelnden gegeben werden soll?

Als die *Reformierten* mit *Luther* über das Abendmahl stritten, machten sie geltend, daß ja doch durch die Himmelfahrt der Leib des Herrn von der Erde hinweggenommen sei und darum auf den christlichen Altären nicht in *Realpräsenz* zugegen sein könnte, mithin wären Brot und Wein bloße Zeichen. Das Brot »ist« nicht der Leib Christi, sondern »bedeutet« diesen nur. Die Reformierten zeigen mit diesem Einwand, daß sie die Himmelfahrt nicht mehr imaginativ zu nehmen verstehen, sie vergröbern sie zu einem lokal-äußerlichen Vorgang und verfehlen damit die eigentliche Seins-Ebene, welcher das Geschehen der Himmelfahrt angehört. Dann ist natürlich die Logik schlagend, daß ein Leib, der im Himmel ist, nicht auf Erden gegenwärtig sein kann, noch dazu gleichzeitig auf vielen Altären. Luther war dem, was man christliche »Sophia«, christliche Esoterik nennen könnte, fremd. Ein Weltbild, welches die übersinnlichen Wirklichkeiten konkret einbezieht, stand ihm nicht zur Verfügung. Um so eindrucksvoller ist es, wie er aus einem tiefen religiösen Instinkt heraus vor der kurzschlüssigen Logik Zwinglis dennoch nicht kapituliert und mit dem sicheren Gefühl, daß es hier um etwas geht, was der Christenheit schlechterdings nicht verlorengehen dürfe, an der Realpräsenz im Abendmahl festhält. Nicht: »das bedeutet...«, sondern: »das *ist*...« Er hat diesbezüglich in seinen Schriften »Daß die Worte ... noch feststehen« (1527) und »Großes Bekenntnis vom heiligen Abendmahl« (1528) in seiner »Ubiquitätslehre« Gedanken entwickelt, durch die er zu dem Mysterium des Abendmahles in eine viel größere Nähe kommt als Zwingli. Dabei geht es um das rechte Verständnis der Himmelfahrt, der hier eine Schlüsselbedeutung zukommt. Luther erkennt, daß man die Himmelfahrt mißversteht, wenn man nur die materielle Daseinsweise in Betracht zieht, die »begreifliche leibliche Weise, wie er (Christus) auf Erden leiblich ginge, da er Raum gab und nahm, nach seiner Größe (quantitas) ... Auf solche Weise ist er nicht ... im Himmel ...; denn Gott ist nicht ein leiblicher Raum oder Stätte ... Zum andern (gibt es) die unbegreifliche geistliche Weise, da er keinen Raum nimmet noch gibt, sondern durch alle Kreatur fährt, wo er will ... Zum dritten die göttliche himmlische Weise, da er mit Gott eine Person ist, nach welcher freilich alle Kreaturen ihm gar viel durchläuftiger und gegenwärtiger sein müssen.« Der zum Himmel Gefahrene sitzt zur Rechten des Vaters, aber »Gottes rechte Hand ist allenthalben«. »Er ist nicht wie auf einer Leiter vom Himmel gestiegen oder wie an einem Seil herabgefahren.« Luther spricht von der »Weise, wie sein (des Christus) göttliches Wesen ganz und gar in allen Kreaturen und in einer jeglichen besonderen sein kann, tiefer, innerlicher, gegenwärtiger, als die Kreatur sich selbst ist ...«

Die *Himmelfahrt* schließt die Gegenwart des Leibes und Blutes Christi im *Abendmahl* nicht nur nicht aus, sondern macht sie überhaupt erst möglich, indem sie den Auferstehungsleib des Christus in die ent-schränkte Daseinsweise einer potentiellen »Allenthalbheit« (was Luther »Ubiquität« nennt) überführt. So ist die Kommunion kein bloßes Symbol, sondern, um noch einmal Luther zu zitieren: »eine starke Speise ... die Speise ist so stark, daß sie uns in sich verwandelt und aus fleischlichen, sündlichen, sterblichen Menschen geistliche, heilige, lebendige Menschen macht, wie wir es denn auch bereits sind, aber verborgen im Glauben und in der Hoffnung, und es ist noch nicht offenbar: erst am jüngsten Tag werden wir's sehen«.

Wir kehren zum 6. Johanneskapitel zurück. Nachdem der Christus das so anstößige Wort »sarx« erstmalig in seine Rede vom

»Brot des Lebens« eingeführt hat, spricht er im weiteren nicht weniger als viermal von »Fleisch und Blut«. Zuerst: Fleisch und Blut »des Menschensohnes« (6_{53}), dann $6_{54. 55. 56}$ jeweils »mein«. In 6_{54} fließt die Linie der Kommunionsworte zusammen mit einer anderen Linie, die schon vorher begonnen hat. In 6_{39} erklingt erstmalig: »und Ich werde es (das mir vom Vater Gegebene) auferstehen machen (anastēso) am Jüngsten Tage«. In abgewandelter Form gleich noch einmal 6_{40}: »Dies ist der Wille meines Vaters, daß ein jeder, der den Sohn anschaut und an ihn glaubt, habe ewiges Leben, und Ich werde ihn auferstehen machen am Jüngsten Tage.«[10] Zum dritten Mal 6_{44}: »Niemand kann zu mir kommen, wenn nicht der Vater, der mich gesandt hat, ihn zieht, und ich werde ihn auferstehen machen am Jüngsten Tage.« Schließlich beim vierten und letzten Male kommt die Verbindung dieser Formel vom »Jüngsten Tag« mit dem *Kommunions*-Motiv zustande: »Wer da isset mein Fleisch und trinket mein Blut, hat ewiges Leben, und Ich werde ihn auferstehen machen am Jüngsten Tag« (6_{54}).

Es ist dabei nicht zu übersehen, wie dem Satz 6_{54} eine ganz parallel gebaute Aussage als Vorbereitung vorangeht (6_{40}). Stellen wir beides nebeneinander, um die Metamorphose, die sich von 6_{40} zu 6_{56} vollzieht, deutlich zu machen.

6_{40}: »Dies ist der Wille meines Vaters,
daß ein jeder, der den Sohn anschaut
und an ihn glaubt,
habe ewiges Leben.
Und Ich werde ihn auferstehen machen
am Jüngsten Tage.«

6_{54}: »Wer da isset mein Fleisch
und trinket mein Blut,
hat ewiges Leben.
Und Ich werde ihn auferstehen machen
am Jüngsten Tage.«

Die Sätze sind gleich gebaut. Was 6_{40} die Zweiheit ist »der den Sohn anschaut« »und an ihn glaubt«, das hat sich 6_{54} in die

---

[10] Das Wort »Ich« ist groß geschrieben, wo der griechische Text das »Egō« betont aus der Verbalform heraushebt.

Zweiheit »isset...« und »trinket...« metamorphosiert. Die erste Fassung – *»anschauen und glauben«* – scheint auf den ersten Blick »geistiger« zu sein als die zweite: *»essen und trinken«*. Aber der Stellenwert ist zu beachten. Die zweite Fassung ist der ersten gegenüber die fortgeschrittenere. Wäre die Reihenfolge umgekehrt – erst »essen und trinken«, dann »anschauen und glauben« –, könnte man annehmen, daß etwas nur Bildhaftes sodann in die eigentliche geistige Meinung hinein zurechtinterpretiert werden solle. Es beginnt aber mit dem Seelisch-Geistigen: »anschauen und glauben«. Die Beziehung zu dem Christus nimmt ihren Ausgang davon, daß man ihn ins Bewußtsein aufnimmt, daß man ihn mit Verständnis anschaut (im Griechischen steht hier »theorein«). Damit ergreift man seine »Gestalt« in ihrer »Kontur«. Das folgende »Glauben« bedeutet die beginnende Anteilnahme an der Dynamik, welche diese Gestalt durchpulst, es ist ein Kraft-Erlebnis. Die Metamorphose zu 6,54 besteht nun darin, daß sich der Mensch im hingegebenen Anschauen von der Gestaltform des Christus im wahrsten Sinne des Wortes »in-formieren« läßt. Die Gestalt, deren Ausstrahlung er sich im Anschauen »exponiert«, beginnt sich in ihn hineinzuprägen. Das steigert sich schließlich zur Aufnahme des Leibes Christi: »Wer da isset mein Fleisch«. Was im Seelisch-Geistigen begann, umfaßt immer mehr das ganze Menschensein bis hin ins Leibliche. Das Anschauen wird zur Kommunion des Leibes. Der Auferstehungsleib ist nichts Materielles, sondern ein Form-Gebilde, eine Struktur. Das »Glauben«, das etwas »Dynamisches« ist, steigert sich immer mehr zum Empfang jener göttlichen Dynamik, die im Blute den Christusleib durchströmt, aus dem »Glauben an Ihn« wird das »Trinken Seines Blutes«. Das geistige Vorzeichen des Anschauens und Glaubens bleibt bestehen, aber es geht immer tiefer ins Konkret-Wesenhafte hinein. Im Sinne des Griechentums wäre das Anschauen ein »apollinisches«, das Glauben ein »dionysisches« Erlebnis. Im Abendmahl ist beides enthalten, die Zweiheit von »Leib« und »Blut« ist tief begründet.

In solcher Kommunion wird »schon jetzt« Ewiges Leben erfahren, ihre volle Auswirkung wird am »Jüngsten Tag« offenbar werden.

»*Jüngster Tag*« – wörtlich »Letzter Tag«, »escháte heméra«. Im Vorblick auf das Welt-Ende ist der Ausdruck »Letzter« Tag völlig zutreffend. Er ist wörtlich richtig, insofern als Raum und Zeit in unserem Sinne dereinst einmal nicht mehr dasein werden. Am Ende des raumzeitlichen Erdendaseins, in das der Mensch zu seiner Menschwerdung hineingestellt worden ist, das aber als solches nicht ewig währt, wird es sich zeigen müssen, ob der Mensch durch diese Veranstaltung der Vorsehung, eben durch die irdische Existenz, so hindurchgegangen ist, daß er aus dieser »Episode« – mag sie auch für unsere Begriffe lang gedauert haben – das davongetragen hat, was er nur unter diesen besonderen Daseinsbedingungen erwerben konnte: Ichwerdung im Element der Freiheit. Der Ertrag wird anschaubar im Auferstehungsleib, den der Mensch dann in die Ewigkeit mitnimmt und kraft dessen er dann auch im Geistes-Reiche der Ewigkeit »ganz er selber« sein darf. Was dann am Ende der Zeiten nicht verwirklicht ist, das kann auf andere Weise nicht mehr erlangt werden. Der Jüngste Tag ist auch Jüngstes Gericht.

Beim Johannesevangelium kann beobachtet werden, wie es, ähnlich wie die Johannesapokalypse, in besonderem Maße klangfigurenhaft das Walten heiliger Zahlen aufweist. So erklingt auch das Wort »der Letzte Tag« gerade siebenmal. Viermal fanden wir es im 6. Kapitel. – Beim Laubhüttenfest steht es für den siebten, den letzten Tag dieser Feier (7$_{37}$), aber auch da hat es den eschatologisch-apokalyptischen Klang. Die Fest-Woche wird zum Gleichnis, ihr »letzter Tag« gibt ein Vorgefühl einstiger Welt-Vollendung. Er heißt der »große« Tag, und an ihm spricht der Christus von den »Strömen lebendigen Wassers«, die vom Leibe der an Ihn Glaubenden fließen werden – auch dies eine Verheißung gewandelter Leiblichkeit. – 11$_{24}$ gebraucht am Grabe des Lazarus Martha das Wort vom »Letzten Tag«. In ihrem Munde klingt es wie eine gelernte Katechismus-Wahrheit. Aber ihr Wort ist der Anlaß, daß der Christus dieses entlegene Fernziel als in seiner Person »schon jetzt« in den derzeitigen Äon hereinragend verkünden kann: »Ich bin die Auferstehung...« – Zum siebten und letzten Mal findet sich »der letzte Tag« am Ende der nach außen gerichteten Wirksamkeit des Christus, wo vor Beginn der

Passion von dem Christus rückschauende Epilog-artige Worte gesprochen werden: »Wer Mich beiseite schiebt und meine Worte nicht aufnimmt, der hat schon seinen Richter. Das Wort, das ich gesprochen habe, das wird ihn richten am Letzten Tage« (12,48).

Zwischen Tod und Jüngstem Tag

Der Christus ist durch seine Auferstehung, durch die er den »Jüngsten Tag« für seine Person *vorausverwirklicht*, der »Erstgeborene von den Toten« (Kol. 1,18) geworden, »Erstbeginn unter den Entschlafenen« (1. Kor. 15,20). Er ist der »Erstgeborene unter vielen Brüdern« (Röm. 8,29), die »gleichgeformt« (sym-morphos) werden sollen seinem »Urbild« (eikón). Dieses Wort »sym-morphos« gebrauchst Paulus auch im Philipperbrief (3,21): Der Christus, der die Himmelfahrt vollzogen hat, wird unseren der Erniedrigung verfallenen Leib in seinem ganzen Habitus umarten (meta-schematizein), so daß er »sym-morphon« wird dem Leibe seiner Herrlichkeit.
Dies ist das große *Fernziel* des Jüngsten Tages. Wir sahen aber auch, daß es sich schon im Erdenleben des Christen vorbereitet. Die *Durchchristung* beginnt damit, daß der werdende Christ sich mit all den Kräften seines Innenlebens der Gestalt des Christus Jesus und ihrem Erdenschicksal zuwendet. Indem er die Bilder der Passion andächtig anschaut, führt ihn seine Sym-pathie, sein Mitleids-Vermögen schließlich zu einem wirklichen Mit-Leiden mit dem Christus. Paulus hat den Galatern den Gekreuzigten so anschaulich »vor die Augen hin-gemalt«, als sei er »unter ihnen gekreuzigt« (Gal. 3,1). Er hat selbst die Passion in sich nachvollzogen bis zur Empfindung der »Stigmata«, der Wundmale (Gal. 6,17), er ist sich einer wirklichen gültigen Teilhabe an dem Leiden Christi bewußt (Kol. 1,24), er ist »mit Christus gekreuzigt« (Gal. 2,19). Er kann von sich sagen: »Ich sterbe täglich« (1. Kor. 15,31), aber in einem anderen Sinne als es sein Zeitgenosse Tiberius mein-

te, wenn er in einem Brief an den Senat schrieb: »perire me cotidie sentio« – ich fühle mich täglich zugrunde gehen (Tacitus Ann. VI$_6$). Das Paulus-Erlebnis ist ein »Stirb und Werde«: »wenn auch unser äußerer Mensch zerstört wird, so wird doch unser innerer (eso) erneuert Tag für Tag« (2. Kor. 4$_{16}$).

Er ist bestrebt, seine Gemeinden zu einer entsprechenden inneren Aneignung der urbildlichen Christus-Geschehnisse zu führen. Da wird dann aus der ursprünglichen Sym-pathie ein »Sym-paschein« (Röm. 8$_{17}$), ein Mit-Leiden, ein Mit-Gekreuzigtwerden (Röm. 6$_6$ und Gal. 2$_{20}$), ein Mit-Sterben (2. Kor. 7$_3$), ein Mit-Begrabenwerden (Röm. 6$_4$, Kol. 2$_{12}$), ein Mit-Auferwecktwerden (Eph. 2$_6$, Kol. 2$_{12}$), ein Mit-Leben (2. Kor. 7$_3$, 2. Tim. 2$_{11}$), ein Mit-Verherrlichtwerden (Röm. 8$_{17}$). Durch all dieses soll der Christus in den Christen »Gestalt gewinnen« (Gal. 4$_{19}$ – morphothē). Dieses Überformt-, »Metamorphosiert«-Werden durch das einstrahlende Urbild soll durch eine Stufenfolge sich steigernder Verklärungen sich entwickeln, »von einer doxa zur andern« (2. Kor. 3$_{18}$).

Dieser *Entwickelungs-Prozeß* der Christwerdung bewegt sich auf das Fernziel des Jüngsten Tages zu, als ein Entgegen-Wachsen. Er kommt in den verschiedenen Individualitäten der christlich strebenden Menschen auf sehr verschiedenartige Weise in Gang. Er wird abgebrochen durch den Tod, der die Christenmenschen in den verschiedensten Stadien ihres Christ-Werdens antrifft, je nach Lebensalter, Schicksal, Lebens-Reife, Strebens-Intensität. *Wie verhält sich der in Gang gekommene Prozeß zu der Vollendung am Jüngsten Tag? Was ist zwischen dem Tod und dem Jüngsten Tag?*

Die neuerdings aufgekommene theologische Lehre vom *»Ganztod«* antwortet: Zwischen dem Tod und der Auferstehung am Jüngsten Tage ist für den Menschen schlechterdings nichts. Der Tod als der Sünde Sold gilt dem ganzen Menschen, wirft ihn in seiner Totalität ins Nicht-Sein. Er existiert nur im Gedächtnis Gottes, der ihn am Jüngsten Tage dann gleichsam neu erschaffen wird. Diese Lehre von der völligen Auslöschung im Tode weiß sich im Einklang mit der modernen materialistischen Anschauung von der untrennbaren Leib-Seele-Einheit des Menschen, die eine eigene, vom Körperlichen getrennte Existenzweise für das Geistig-Seelische nicht kennt.

Innerhalb der Christenheit hat es, wenn man von den »Zeugen Jehovas« absieht, diese Anschauung vorher nicht gegeben. Daß das Geistig-Seelische nicht nur ein Phänomen ist, das am Körper auftritt und mit ihm vergeht, ist uralte Menschheits-Erfahrung, welcher eine einseitig intellektualistische Weltbetrachtung nicht gerecht zu werden vermag. – Die Theorie vom »Ganztod« führt aber auch religiöse Gründe an. Sie empfindet es als vermessen, wenn der Mensch für sein Inneres »*Unsterblichkeit*« beanspruche und sich dadurch dem Todes-Urteil über die Sünde zu entziehen strebe. Man weist hin auf die Stelle im 1. Timotheusbrief, wo von Gott gesagt wird, daß »er allein Unsterblichkeit (athanasia) habe« (6,16). Da aber Gott nach christlicher Anschauung sein Wesen in »Liebe« hat (1. Joh. 4,16), ist doch die Vorstellung erlaubt, daß er in Liebe andere Wesen an seinem Ur-Eigenen teilhaben lassen kann im Sinne jenes großen »Nehmet hin« beim Abendmahle. Ein total transzendenter Gott wäre mehr eine mohammedanische als eine christliche Doktrin. Wenn es wahr ist, daß der geistig-seelische Wesenskern des Menschen vom Tode nicht vernichtet wird, so beruht das dann doch auf göttlicher Schöpfungsanordnung und kann, wenn es als konkrete spirituelle Empirie auftritt, nicht so angesehen werden, als ob der Mensch seine Unsterblichkeit in der Art eines »einklagbaren« Rechtstitels in Anspruch nähme. Paulus gebraucht das Wort »athanasia«, wie wir sahen, auch für den künftigen Auferstehungsleib, dem sie durch die große Wandlung zu eigen werden soll (1. Kor. 15,53.54). Und wenn man meint, der Mensch werde nicht im vollen Ernst von der nach dem Sündenfall verkündeten Todes-Strafe getroffen, wenn diese sich nur auf den doch als solchen unschuldigen Körper beziehe, dann liegt ein Kurzschluß vor. Der Rückschlag, der den Sündenfallsmenschen trifft, der sich gestützt auf sein irdisches Leibes-Sein vom Göttlich-Himmlischen lostrennt, besteht darin, daß ihm im Tode der Leib, der ihn zu solcher Emanzipation befähigt, genommen wird, als Ausgleich einer mißbräuchlich verwendeten Selbständigkeit. Vernichtung wäre für das Geistig-Seelische keine »Strafe«. Das Hinschauen auf eine nicht im rechten Sinne verbrachte Erdenverkörperung ist viel mehr ein ernstes Gericht als ein Nicht-Sein, das nicht wehe tut. Die theologischen Gründe für die Ganztod-Theorie können nicht überzeugen. Auch nicht ihre Berufung auf die Bibel, mit deren Aussagen sie mehrfach in Konflikt gerät, obwohl sie damit recht hat, daß sowohl im Alten als auch im Neuen Testament der Akzent auf der Leibes-Auferstehung liegt.

In dem Kapitel über »Tatsache und Lehre« haben wir dargestellt, daß es sich beim Christentum in grundlegender Weise um ein Geschehen handelt, das den Weltbestand zu ändern begonnen hat. Nicht ein System von an und für sich bestehenden Wahrheiten über Gott und Welt wird in der Bibel in der Art eines Compendiums vorgetragen. Was wir für das Neue Testament herausgearbeitet haben, gilt auch für das *Alte Testament*. Auch hier geht es in erster Linie nicht um zeitlose Lehr-Inhalte, sondern um eine durch Jahrtausende sich erstreckende Geschehnis-Reihe, die sich auf das Volk Israel schließlich konzentriert, über dem die messianische Verheißung eines großen weltweiten Heiles schwebt. Israel hat die einzigartige Aufgabe, dem kommenden Heilbringer den Erdenleib zur Verfügung zu stellen. Darauf läuft letzten Endes die ganze alttestamentliche Heilsgeschichte hinaus. Mit dem Christus-Ereignis hört die israelische Geschichte auf, Heilsgeschichte zu sein. Es kam alles auf die Inkarnation, auf die Fleischwerdung des Heilbringers an.

Dem entspricht es, daß das Alte Testament den Blick vor allem auf die *Erde* und auf den Erdenmenschen gerichtet hält. Die Fortpflanzung des Erdenmenschen ist eine religiös wichtige Angelegenheit. In der Generationen-Reihe über Abraham und David wird der Messias-Leib vorbereitet. Zur Inkarnation gehört auch der vorsehungsgemäß richtige Erdenschauplatz, das verheißene Land, »erez Jisrael«. Die Blickrichtung auf den Erdenleib bringt es mit sich, daß auch die prophetischen Zukunfts-Perspektiven eschatologisch-apokalyptischer Art auf die künftige Leibes-Auferstehung hinzielen und dabei über das, was geistig-seelische Zustände außerhalb der Verkörperung sind, hinweggehen. Die großen Hoffnungsbilder der Propheten beziehen sich auf die Leiblichkeit (Jesaja 25_8, 26_{19}, Ezechiel 37, Daniel 12_{1-3}, Hosea

6₂. ₃, Hiob 19₂₅₋₂₇, Psalm 16₉. ₁₀, 49₁₆, 73₂₄), bei den allerdings wenigen Psalmenstellen könnte man schon eher auch an Nachtodliches denken, das bereits vor der Letzten Auferstehung beginnt.

Es ist nicht notwendig, das Alte (und auch Neue) Testament gegen den »*Platonismus*« im Sinne eines absoluten Gegensatzes auszuspielen. Die Griechen hatten eine andere Aufgabe als Israel. In Plato vor allem leuchtet noch einmal hell auf, was uraltes übersinnliches Wissen der Mysterien war. Die geistzugeneigte Seele ergriff sich in ihrer übersinnlichen Seinsweise. Der Leib wurde von Plato so empfunden, wie er in seiner (wir würden sagen: durch den Sündenfall verfinsterten und verhärteten) empirischen Beschaffenheit dem inneren Aufschwung vielerlei Not und Schwierigkeit bereiten kann, daher begrüßte denn auch Sokrates den Tod als Genesung. Das ist ein echtes Erlebnis, aber das Erlebnis einer Teil-Wahrheit, die innerhalb eines sehr viel weiter ausgreifenden Zusammenhanges ihre Stelle hat und an dieser ihrer Stelle zu erkennen ist. Es handelt sich um eine Erfahrungstatsache, die in der spätjüdischen, sicherlich von hellenistischem Geist berührten »Weisheit Salomos« so ausgesprochen wird: »Der vergängliche Leib beschwert die Seele, und das erdenhafte (geodes) Wohngezelt (skēnos) belastet den vieles sinnenden Geist (nous)« (9₁₅). In der lateinischen Übersetzung: »Corpus enim, quod corrumpitur, aggravat animam, et terrena inhabitatio deprimit sensum multa cogitantem.« Damit ist aber noch nichts über die Bewertung der Leiblichkeit als solcher innerhalb des großen Weltgeschehens ausgemacht. Wenn Plato der Bedeutung des menschlichen Erdenleibes nicht gerecht wurde, besagt das nichts gegen die Einsichten in das Übersinnliche, die er hatte kraft der besonderen seelischen Aufschwungskraft, die ihm eigen war. Es kommt schließlich nicht darauf an, ob eine Vorstellung »platonisch« oder »biblisch«, sondern ob sie »richtig« ist. Daß die Seele sich auch schon vor dem Tode mehr oder weniger vom Erdenkörper freimachen kann, ist uralte Menschheits-Erfahrung. Ein Wort wie »Ek-stase« (»Heraus-Stehen«) und »Außer sich sein« weist auf dergleichen Erlebnisse hin. Auch Paulus kennt ein Erleben »außerhalb des Leibes« (2. Kor. 12₂), ebenso der Apokalyptiker, wenn er sagt: »Ich war im Geiste« (Apok. 1₁₀, 4₂). Im Alten Testament erfährt Ezechiel Entrückungen aus seinem Leibe heraus 3_{14}, 8_3, 11_1, 40_2). Während sein Körper in Babylonien zurückbleibt, schaut er Vorgänge im fernen Jerusalem.

Es fehlt auch im Alten Testament der Hinweis auf eine *nachtodliche* Existenz nicht völlig. Die Patriarchen werden im Tode »versammelt zu ihrem Volk« (1. Mos. 25_8, 35_{29}, 49_{33}). Zumindest im Falle Abrahams, der als erster Erzvater in Hebron beigesetzt wird, weit entfernt von den Gräbern seiner Väter in Chaldäa, kann damit nicht nur die gemeinsame Familien-Gruft gemeint sein. Wir haben an anderer Stelle die »Scheōl« erwähnt, das dem griechischen Hades entsprechende Schattenreich, in welchem nach der Anschauung des Alten Testamentes die abgeschiedenen Seelen ein zwar herabgesetztes Dasein, aber eben doch ein Dasein haben, aus dem heraus sie sogar durch frevelhafte Praktiken heraufbeschworen werden können (Samuel durch die Hexe von Endor, 1. Sam. 28). Beim Sterben der Rahel heißt es: »als ihre Seele herausging« (1. Mos. 35_{18}). Als Elias den Sohn der Witwe vom Tode erweckte, »maß er sich dreimal über dem Kinde« und betete: »Herr mein Gott, laß die Seele dieses Kindes wieder zu ihm kommen!« (1. Kön. 17_{21}). – In der spätjüdischen Zeit finden wir im 2. Makkabäerbuch neben der Hoffnung auf künftige Auferstehung (Kap. 7, auch 12_{43-46}) auch die Erzählung von dem Hohenpriester Onias, dem der längst verstorbene Prophet Jeremias in Geistesglorie als fürbittender und helfender Beistand seines bedrängten Volkes erscheint (15_{13-16}).

Als der Christus bei Caesarea Philippi die Frage stellt, »wer« nach der Meinung der Leute der Menschensohn sei, wird neben Elias auch gerade der Name des Jeremias genannt (Matth. 16_{14}), man rechnete im Volke also mit der Möglichkeit, daß dieser längst gestorbene Prophet – eventuell auch noch ein anderer aus der Reihe dieser Gottesmänner – geistig ein Lebender wäre und eventuell abermals in Menschengestalt erscheinen könnte. Die Nennung des Jeremias in neutestamentlicher Zeit klingt mit der angeführten Makkabäer-Stelle zusammen.

In dem gleichfalls apokryphen Buch der »Weisheit Salomos« begegnet uns, wohl durch griechischen Einfluß in dem großen Mischkessel Alexandria, sogar die Vorstellung der *Prä-Existenz*.

Die Seele lebt nicht nur weiter nach dem Tode – die Seele des Gerechten ist in Gottes Hand, ohne Qual, in Frieden (3₁₋₃), sie war bereits vor der Geburt vorhanden und fand die ihr entsprechende Körperlichkeit: »Ich war ein Kind guter Art und habe bekommen eine gute Seele – oder vielmehr: da ich gut war, kam ich in einen unbefleckten Leib« (8₂₀). Einer solchen Stelle gegenüber ist es nicht damit getan, daß man ihrer Herkunft aus griechischen Lehren nachgeht. In der Begegnung mit der griechischen Geistesart konnte das Judentum doch auch Welt-Anschauungs-Elemente aufnehmen, welche die alttestamentliche Einseitigkeit ergänzten, in der Richtung nach einer umfassenden Wahrheits-Schau hin. Die alte Kirche hat denn auch diese griechisch abgefaßten, vom sich verengenden Judentum später ausgeschlossenen apokryphischen Schriften in ihren Bibelkanon als gleichwertig aufgenommen.

Im *Neuen Testament* wird in einer ganzen Reihe von Evangelienworten eine künftige Seligkeit beschrieben. »Zu Tische sitzen mit Abraham, Isaak und Jakob« (Matth. 8₁₁). »Eingehen in die Freude des Herrn« (Matth. 25₂₁. ₂₃). »Eingelassenwerden in den Hochzeitssaal« (Matth. 25₁₀). »Aufgenommenwerden in die ewigen Hütten« (Luk. 16₉). »Eingeerntet« (Matth. 13₃₀. ₃₉), »Ausgelesenwerden« (Math. 13₄₉). »Die Gerechten werden leuchten wie die Sonne in ihres Vaters Reich« (Matth. 13₄₃). Aber dies alles bezieht sich auf den Endzustand, ebenso wie die negativen Gegenbilder des »Feuerofens« (Matth. 13₄₂. ₅₀), der »äußeren Finsternis« (Matth. 8₁₂, 22₁₃, 25₃₀), des »Heulens und Zähneknirschens« (Matth. 8₁₂, 13₄₂. ₅₀, 22₁₃, 24₅₁, 25₃₀), der »Pein« (Matth. 25₄₆).

Wohl aber gibt es auch im Neuen Testament genügend deutliche Hinweise auf eine selbständige Weiter-Existenz der Verstorbenen *zwischen* dem Tode und jenem Endzustand.

Die Vertreter der »Leib-Seele-Einheit« haben recht, wenn sie konstatieren, daß mit *»Psyche«* an vielen Stellen das mit dem körperlichen »Bios« intim zusammenhängende Seelische gemeint ist, so daß »Psyche« gelegentlich auch mit »Leben« übersetzt werden kann, beispielsweise: »Sorget nicht für eure Psyche, was ihr essen und trinken werdet, noch für euren Leib, was ihr anziehen werdet...« (Matth. 6₂₅). Daß das Seelische des Menschen zu einem großen Teil während der Inkarnation in die Leibesvorgänge eingesenkt ist, daran besteht kein Zweifel. Aber das Seelische hat auch die Fähigkeit, sich »nach oben« mit der Geisteswelt zu verbinden. In dem Wort »Fürchtet euch nicht vor denen, die den Leib töten, die Seele aber nicht töten können« (Matth. 10$_{28}$) ist mit »Psyche« ohne Zweifel etwas dem *Körper gegenüber Selbständiges* gemeint. Nach Luk. 8$_{55}$ kehrt bei der Erweckung der Jairus-Tochter der »Geist«, der den Körper soeben verlassen hat, durch den Anruf des Meisters noch einmal in die Leiblichkeit zurück. Bei dem aus dem Fenster gestürzten Jüngling, der wie tot daliegt, erkennt Paulus, daß »die Seele noch in ihm ist« (Apg. 20$_{10}$). Im Gleichnis von dem törichten Kornbauern heißt es: »In dieser Nacht wird man deine Seele von dir fordern« (Luk. 12$_{20}$). Der Gekreuzigte betet das Sterbegebet mit den Worten des 31. Psalms (Vers 6): »In deine Hände befehle ich meinen Geist.« Der sterbende erste Märtyrer Stephanus betet: »Herr Jesus, nimm meinen Geist auf« (Apg. 7$_{59}$). Schon im »Magnificat« der Maria ist ausdrücklich von »Seele« und »Geist« die Rede (Luk. 1$_{46.47}$). Der Hebräerbrief spricht von den »Geistern der vollendeten Gerechten« (12$_{23}$); diese Geister der Verstorbenen sind auch schon vor der Auferstehung am Jüngsten Tag lebendig wirksam, die Urchristen wußten sich von der »Wolke« der entkörperten Zeugen umgeben (Hebr. 12$_1$). – In der Apokalypse werden die verstorbenen Märtyrer »Seelen« genannt: 6$_9$. Sie erscheinen dem Apokalyptiker »unter dem Altar«. Noch einmal gebraucht er für die Entkörperten das Wort »Seelen« (»Psychai«, 20$_4$), die verstorbenen Märtyrer leben und wirken königlich zusammen mit dem Christus. Ihr Status wird »Erste Auferstehung« genannt. Das ist noch nicht die Auferstehung des Leibes – die Außerkraftsetzung des Todes wird erst 20$_{14}$ erschaut –, sondern die bereits im Totenreich erlebbare, im Geistig-Seelischen beginnende Auferstehung, im Sinne der Hadesfahrt Christi, im Sinne des Wortes »der lebt, auch wenn er stirbt«. Seit der Christus-Tat kann das Dasein nach dem Tode ein anderes Wesen annehmen. Der in der Apokalypse gebrauchte Ausdruck *»erste Auferstehung«* hat offenbar eine Beziehung zu dem *»zweiten Tod«* (Apok. 2$_{11}$, 20$_{6.14}$, 21$_8$), dem Daniederliegen der lichtlos verstorbenen Seele nach der Trennung

vom Körper, nach dem »ersten« Tod. Die »erste Auferstehung«, deren die Märtyrer teilhaftig sind, überwindet als Seelen-Auferstehung den Seelentod. Der »erste Tod« wird erst durch die bis zum Leiblichen vordringende »zweite Auferstehung« überwunden werden. Zwischen diesen beiden Stellen von den »Psychai« finden sich wiederholt Schauungen des Apokalyptikers, die sich auf die entkörperten Seelen der Märtyrer beziehen, Kapitel 7_{9-17}, 15_{2-4}, 19_{14}, 20_4, alles dieses noch *vor* der leiblichen Auferstehung.
Ferner ist daran zu erinnern, daß in Johannes dem Täufer der wiedergekommene *Elias* erkannt wird (Matth. 11_{14} und 17_{13}), von dem das Alte Testament die Himmelfahrt berichtet (2. Kön. 2_{11}) und der in Israel allezeit als weiterhin lebendig empfunden worden ist. Elias erscheint als Geistgestalt bei der Verklärung Christi (Matth. 17_5), ebenso auch der seit langem verstorbene *Moses*. Die beiden führen mit dem Christus ein Geistergespräch, sie blicken aus ihrer Geisterperspektive auf das bevorstehende Golgatha-Ereignis voraus (Luk. 9_{31}). Ebenso ist *Abraham* ein lebender Verstorbener. Der Christus weist den Materialismus der Sadduzäer zurück mit dem Hinweis auf das Wort »Ich bin der Gott Abrahams, Isaaks und Jakobs«, »Gott ist kein Gott der Toten, sondern der Lebenden« (Matth. 22_{32}), in der Lukasfassung ist noch hinzugefügt: »Ihm leben sie alle« (20_{38}). In der Erzählung vom armen Lazarus erscheint der im Jenseits lebende Abraham als der besondere Schutzgeist und Fürsorger der verstorbenen Israeliten (Luk. 16_{19-31}). Im Johannesevangelium sagt der Christus von Abraham: »Er sah meinen Tag und freute sich« (8_{56}). Man könnte meinen, daß hier etwa an die Melchisedek-Begegnung gedacht wäre, durch welche ein Sonnenstrahl aus der kommenden Christuswelt in das Leben Abrahams fiel. Aber der Zusammenhang im Johannes-Bericht scheint doch etwas anderes nahezulegen. Der Einwand der Juden: »Du bist noch nicht 50 Jahre alt und willst Abraham gesehen haben«, wäre sinnlos, wenn an eine Jahrtausende zurückliegende Begebenheit gedacht wäre. Die Juden hatten sehr wohl ein Bewußtsein um die Zeitausmaße ihrer Geschichte. Was besagen die 50 Jahre? Rudolf Steiner hat einmal darauf aufmerksam gemacht, daß die verschiedenen Alters-Phasen im Menschenleben jeweils verschiedene Erkenntnismöglichkeiten den tie-

feren Geheimnissen gegenüber in sich bergen. Die Juden hatten offenbar die Anschauung, daß man mindestens sieben mal sieben Lebensjahre hinter sich gebracht haben müßte, um aus dem eigenen Alters-Reifen heraus den Erzvater vor das Geistesauge zu bekommen. Es handelt sich um die Möglichkeit, dem im Jenseits lebenden Abraham geistig zu begegnen. Aus seinen besonderen Voraussetzungen heraus hat der Christus, obwohl noch nicht 50 Jahre alt, eine solche Geistbegegnung mit Abraham gehabt, der wie Moses und Elias »von drüben her« mit Anteilnahme auf das hinblickt, was da auf Erden sich vollzieht.

Ganz und gar nicht stimmt mit der Ganztodlehre auch die schon erwähnte Erzählung des Christus vom *»reichen Mann und vom armen Lazarus«* (Luk. 16$_{19-31}$) überein. Sie wird im Evangelium nicht als »Gleichnis« bezeichnet, sie ist viel eher eine aus dem Leben gegriffene Begebenheit. Hier ist mit aller Deutlichkeit die Rede von dem, was nicht erst nach der letzten Auferstehung, sondern kurze Zeit nach dem Tode mit den entkörperten Seelen geschieht. Beide, der Reiche sowie Lazarus, werden nicht nur nicht mit dem Leibesleben ausgelöscht, sondern sie haben sehr verschiedenartige Erlebnisse. Sterben und Sterben ist nicht dasselbe. Dem Satz »und ward begraben« (der Reiche) steht gegenüber, daß Lazarus »von den Engeln in Abrahams Schoß getragen« wurde. Wesenheiten, die in höheren Welten leben, Engel, nehmen sich der Seele an. Sie geleiten sie in diejenige Region der geistigen Welt, in die sich durch innere Wesensverwandtschaft die frommen Juden gezogen fühlen – im Bilde: Abrahams Schoß. Sie begegnen der Seele des Erzvaters und fühlen sich in ihr geborgen. An den in materiellen Genüssen versunkenen »Reichen« haben die Engel sozusagen gar nicht herankommen können. Es dauert eine Weile, bis er zu einem Bewußtsein erwacht, »die Augen aufhebt« und sich im Zustand qualvoller Entbehrung vorfindet. Durch sein im Sinnengenuß aufgegangenes Leben haben sich die nur durch Körperliches zu befriedigenden Begierden in seine Seele gleichsam eingefressen und peinigen ihn »brennend«. Er ist nicht in Abrahams Schoß, sondern im »Hades« (16$_{23}$). Aber sein erwachendes Bewußtsein (»er hob seine Augen auf«) läßt ihn den ihm eigentlich zugeordneten Geistesführer Abraham erblicken, aber

»von weitem«. Er blickt auf eine Welt, die ihm sehr ferne ist. Dort nimmt er auch Lazarus wahr. Das vergangene Leben ist in der Erinnerung noch vorhanden, Menschen, mit denen man auf Erden zusammen war, werden wiedererkannt. Ein nächster Schritt nach dem Augen-Aufheben ist, daß er »zu Stimme kommt« und eine Botschaft zu Abraham hinüberrufen kann in der Art, »wie spricht ein Geist zum andern Geist«. »Vater Abraham, erbarme dich ...« Lazarus möge zu ihm entsandt werden, er möge nur die Spitze seines Fingers mit Wasser benetzen, um ihm die Zunge zu kühlen. Die Zunge – er war ganz in den Genüssen eines Feinschmeckers mit seiner Seele untergegangen, nun ist das gerade seine brennendste Qual – »ich leide Pein in dieser Flamme«. Es entwickelt sich wirklich ein Geistergespräch. Die Stimme Abrahams wird vernehmbar, der ihn sogar liebevoll als »Kind« anredet, aber ihn doch über die ehernen Notwendigkeiten aufklären muß. »Erinnere dich!« Das abgelebte Leben steigt nach dem Tode wieder auf. »Du hast dein Gutes in deinem Leben dahingenommen.« Es wird jetzt schmerzlich klar: Das nun beendete Leben war wahrhaft »dein«, aber du hast es nicht recht gebraucht. Du bist dem nachgegangen, was du für »dein« Gutes ansahst – den äußeren Genuß, nun mußt du sehen, daß du dieses »dein Gutes« dahin hast, es hat sich mit dem materiellen Genuß aus-gelebt und hinterläßt jetzt nur das brennende Entbehren. Die »Kluft«, die zwischen Hades und Abrahams Schoß »befestigt« ist, spricht im Bilde aus, daß wenigstens eine Zeitlang nach dem Tode die Dinge so stehenbleiben, wie sie im Todesaugenblicke waren. Der noch auf Erden Lebende hat das Privilegium, jederzeit noch seinen Sinn und sein Handeln ändern zu können. Diese Möglichkeit, noch am Schicksal weiterzubauen – der Schächer am Kreuz konnte noch im letzten Augenblick seinem Geschick eine entscheidende Wendung geben –, nach dem Tode ist sie in dieser Art nicht mehr gegeben. Auf Erden werden die Schicksale gemacht, nach dem Tode werden sie in ihrem wahren Wert oder Unwert ausgekostet, in unerbittlicher Konsequenz. – Langsam entwickelt sich das »Aufwachen« des Reichen weiter, es steigt aus seiner Seele sogar eine menschliche Liebesregung empor, indem er an seine noch auf Erden lebenden Brüder denkt und sie gern warnen möchte. Aber auch das ist nicht möglich. Hier bricht die Erzählung ab. Auch sie will gewiß nicht ein umfassendes Lehrkompendium sein für das Leben nach dem Tode. Aber sie gibt in tiefstem Ernst ein Teilbild, einen Ausschnitt, sie zeigt, was dem Menschen nach seinem Tode zunächst in der anderen Welt widerfahren kann, an einem konkreten Beispiel. Die Erzählung mutet in all ihren Einzelheiten so »okkult-sachgemäß« an, man sollte sie nicht als unverbindliches, den Volksvorstellungen herablassend angepaßtes Fabel-Gleichnis entwichtigen wollen. Die Erzählung läßt an einem gewissen Punkt den Vorhang fallen. Die unerbittliche Folge-Richtigkeit nachtodlicher Erlebnisse ist sichtbar geworden. Es ist aber damit noch nicht gesagt, daß das Entbehrungsleiden des reichen Mannes sich ohne Ende fortsetzen muß. Es gibt eine andere Hindeutung des Christus auf nachtodliche negative Erlebnisse, die zwar bis zum Letzten absolviert werden müssen, aber dann doch beendet sind. Da wird die Bereitwilligkeit empfohlen, entstandene Schwierigkeiten mit Mitmenschen in Ordnung zu bringen, solange man noch miteinander »auf dem Wege« ist (Matth. 5$_{25}$). Wieder wird hervorgehoben, wie wichtig dieses Erdenleben ist, in dem die Schicksale gemacht, sozusagen die Weichen gestellt werden. Wird die Schwierigkeit nicht noch zu Lebzeiten bereinigt, so bringt sie weittragende Folgen in der höheren Welt in Gang. Die Angelegenheit wird vor das göttliche Gericht gebracht, dieses übergibt den Schuldigen dem »Peiniger« (wie es in der ausführlicheren Lukasfassung 12$_{58}$ heißt). Der Schuldige gerät in den Machtbereich peinigender Wesen, er erlebt seine durch das Schuldigwerden verspielte Freiheit als »Gefangenschaft« und muß diesen Zustand bis ins letzte durchmachen. Er kommt »von dort nicht heraus, bis er nicht den letzten Pfennig bezahlt hat«.

In der Summa theologica des Thomas von Aquin findet sich eine bemerkenswerte Schilderung, wie die verstorbenen Seelen an ihre »Orte« gelangen. Thomas spricht davon, daß die Körper sowohl Schwerkraft (gravitas) als auch Auftriebskraft der Leichtigkeit (levitas) in sich tragen und daß dadurch ihr Ort bestimmt wird. So auch macht sich in der entkörperten Seele die Anziehungskraft der höheren Welt als »levitas«, die Anziehungskraft der un-

teren Welt als »gravitas« fühlbar, je nachdem, wie das verflossene Erdenleben beschaffen war. Die Seele folgt dann gleichsam dem magnetischen Zug der betreffenden übersinnlichen Region, zu der sie eine Verwandtschaft fühlt. Je nachdem »gravitiert« oder »levitiert« sie (Summa theol. Suppl. 69, 2).
Im 2. Petrusbrief wird für das Sterben sogar der heute so oft im klinischen Sinne gebrauchte, aber nicht mehr in seiner Bedeutung wörtlich genommene Ausdruck *»Exitus«* verwendet (2. Petr. 1$_{15}$), griechisch »Exodos«, Aus-gang, Weg hinaus. Der Ausdruck meint, daß da etwas vorhanden ist, was beim Sterben hinausgeht und nun seinen eigenen Weg nimmt. So wird der Tod 1$_{14}$ auch als das bevorstehende »Ablegen meines Wohngezeltes« beschrieben. – *Paulus* erwartet, unbeschadet seiner Hoffnungen auf die endgültige Auferstehungs-Wandlung, nach dem Sterben, der »Auflösung« (analyein), »mit Christo zu sein« (Phil. 1$_{23}$). Der vielfach für das Sterben gebrauchte Ausdruck »entschlafen« ist solcher Erwartung nicht entgegen. Das *Entschlafen* hat mit dem Sterben das »Hinausschlüpfen« des Seelischen aus der engen Körperverbindung gemeinsam. Ein tief Schlafender hört die Uhr nicht schlagen, weil er mit seiner Seele in dem Ohr »nicht darin« ist, an dem sich ja äußerlich nichts geändert hat. Im Schlaf ist die Herauslockerung noch mehr oder weniger lose, beim Tode geht das Geistig-Seelische endgültig heraus und nimmt den feinen Lebensorganismus, die ätherischen Lebenskräfte, mit sich hinaus. Aber das Herauslösen ist beiden Vorgängen gemeinsam.
Die Ganztodlehre findet auch im *Johannesevangelium* keine Stütze, wo so stark betont wird, daß auch mit den während des Erdenlebens möglichen anfänglichen »Schon-jetzt-Erlebnissen« doch wirklich höheres Leben ergriffen wird. »Wer an den Sohn glaubt, *hat* ewiges Leben« (3$_{36}$, vgl. auch 1. Joh. 5$_{12}$). »Wer mein Wort hört und glaubt dem, der mich gesandt hat, hat ewiges Leben, und er kommt nicht in die Krisis, sondern er hat den Schritt getan aus dem Tode in das Leben« (5$_{24}$). »Amen Amen ich sage euch, es kommt eine Stunde und ist schon jetzt, daß die Toten hören werden die Stimme des Sohnes Gottes, und die sie hören, werden leben« (5$_{25}$). Etwas von diesem »und ist schon jetzt« hat sich soeben an dem Gelähmten am Teiche Bethesda vollzogen, der

als ein »Toter« daniederlag ohne eigenen Genesungswillen und der den aufweckenden Anruf hörte: »Steh auf und wandle!« Die aus dem seelischen Todeszustand durch den Christus Auferweckten haben schon jetzt ihren Anteil am höheren Leben. Das nachfolgende Wort von denen, die »in den Gräbern sind« und die auferstehen werden zu einer »Auferstehung des Lebens« oder zu einer »Auferstehung des Gerichtes« ($5_{28, 29}$), zielt auf die endgültige Leibesverwandlung am Jüngsten Tag; hier fehlt bei der Formel »es kommt eine Stunde« der Zusatz »und ist schon jetzt«. Aber das innere Auferstehungs-Erlebnis, das »schon jetzt« möglich ist, schließt ein Zunichtewerden im Ganztod aus. – Die endgültige Auferstehung derer, die »Gutes getan haben« am Jüngsten Tage, ist »Auferstehung« im vollen Sinn des Wortes, »Auferstehung des Lebens«. Die für den anderen Fall in Frage kommende Auferstehung der Krisis, also des Gerichtes, der Scheidung, deutet wohl darauf hin, daß am Ende der Erdenzeit und damit auch am Ende der Erden-Möglichkeiten den durch dieses Erdendasein Hindurchgegangenen, welche diese Möglichkeiten nicht recht genutzt, sondern mißbraucht haben, ein letztes unerbittlich klares Bilanz-Erlebnis bevorsteht. – Die Worte, die sich in den synoptischen Evangelien und in der Apokalypse über die »Feuer-Pein« finden, zeigen an, daß einmal, wenn aller bloße Schein vergangen sein wird, das göttliche Liebes-Element sich als letzte Wirklichkeit geltend macht, das »Feuer«, das der Christus »auf die Erde werfen« wollte. »Wer mir nahe ist, der ist dem Feuer nahe«, sagt ein apokryphes Herren-Wort. Lebt der Mensch mit seinem Innersten in diesem göttlichen Feuer-Element, so ist das für ihn beseligend. Steht er aber in seiner inneren Verfassung »außerhalb«, so empfindet er eben dieses ihm »äußerliche« Liebes-Element, dessen Realität er sich nun nicht mehr entziehen kann, als stetigen Vorwurf, als brennende Pein.

Die bisher aufgeführten Stellen zeigen wohl hinreichend, daß die Lehre vom Ganztod mit wichtigen biblischen Aussagen nicht im Einklange ist. *Die entkörperten Menschen haben eine Existenz zwischen dem Tod und dem Jüngsten Tag.*

Aber es ist nicht zu übersehen, daß die diesbezüglichen Aussagen und Andeutungen sehr fragmentarisch sind. Auf die Frage, die wir im Eingang dieses Kapitels stellten: Was ist zwischen Tod und Jüngstem Tag?, auf die Frage, wie es mit der auf Erden begonnenen Christwerdung, die nach Paulus sich zur »vollendeten Mannesreife« des Christenmenschen, zum »Maße des Vollalters Christi« (Eph. 4,13) hinentwickeln soll, die aber durch den *Tod abgebrochen* wird, zwischen Tod und Jüngstem Tag weitergehen soll – auf diese Frage hat sich keine umfassende Antwort gezeigt. Nur Teil-Aspekte sind aufgetreten.

Das spiegelt sich auch in der Entwickelung des christlichen Denkens in der *Dogmengeschichte*. Die Urchristenheit stand zunächst einmal unter dem gewaltigen Eindruck und unter der dynamischen Einwirkung des Auferstehungs-Ereignisses. Was da aus ferner Zukunft des Jüngsten Tages in nächster Nähe eingeschlagen hatte, rückte durch die Unmittelbarkeit des Erlebens diesen Jüngsten Tag selber wie in greifbare Nähe. Bei einer Wanderung kann es beispielsweise geschehen, daß schon im Beginn das ferne Ziel sich dem Auge zeigt, das dann im weiteren Fortsetzen des Weges wieder hinter Wäldern und Bergzügen verschwinden mag, obwohl man ihm allmählich näherkommt. Ein solches prophetisches Vor-Aufleuchten des fernen Zieles wurde offenbar der Urchristenheit zuteil in ihren enthusiastischen Erfahrungen, wie sie in der Apostelgeschichte geschildert werden. Es wehte Zukunftsluft herein. In diesem Zusammenhang muß wohl auch die sogenannte »*Nah-Erwartung*« gesehen werden, die man der Urchristenheit anlastet. Kein Zweifel, daß man den Jüngsten Tag nahe herbeigekommen wähnte. Man sah das Künftige in jener »perspektivischen Verkürzung«, die oftmals bei prophetischen Vorblicken zu beobachten ist. Sie braucht gegen die Wahrheit des Prophezeiens nichts zu beweisen, nur stellt sich dann heraus, daß der Verlauf der Ereignisse sich sehr viel komplizierter, mehrschichtiger und langwieriger gestaltet, als es nach dem Schau-Bilde anzunehmen gewesen war, das langdauernde Entwickelungen in eines zusammendrängen kann. Man darf aber nicht übersehen, daß im Evangelium dieser irrtümlich verkürzten »Nah-Erwartung« schon gewisse Riegel vorgeschoben werden. Vor dem Einzug in Jerusalem erzählt der Christus seinem Gefolge ein Gleichnis, das die hektische Nah-Erwartung dämpfen sollte, »darum daß er nahe bei Jerusalem war und sie meinten, das Reich Gottes sollte alsbald offenbart werden« (Luk. 19₁₁). In einem Gleichnis der letzten apokalyptischen Ölberg-Rede müssen die Jungfrauen, die den Bräutigam einholen wollen, lange auf ihn warten – »da nun der Bräutigam verzog...« Das hier gebrauchte charakteristische Wort »chronizein« (Matth. 25₅) findet sich ebenfalls in der Ölberg-Apokalypse (Matth. 24₄₈). Und während aus der bei Matthäus und Markus gegebenen Fassung der »Ölberg-Apokalypse« der Eindruck entstehen könnte, als sollte die Zerstörung Jerusalems und des Tempels schon den akuten Beginn des Welt-Endes signalisieren, hat der Lukas-Bericht die Einfügung erhalten: »bis daß sich die Kairoi, die Weltenstunden der Heidenvölker erfüllt haben« (21₂₄). – Man sollte der »Nah-Erwartung«, ehe man sie in billiger Kritik als Illusion abtut, ein im Gefolge des blitzartig einschlagenden Oster-Ereignisses geschehenes Aufleuchten hereinragender Zukünftigkeit zugute halten. Der Blick war von der endgültigen Auferstehung gebannt, die nachtodlichen Schicksale der entkörperten Seele traten in den Hintergrund.

Erst als es der Christenheit mehr und mehr bewußt wurde, daß sie sich noch für längere Zeit auf der Erde würde einzurichten haben, begann man sich Gedanken zu machen über den langsam immer mehr sich erweiternden *»Zwischenzustand«* zwischen dem Ostermorgen und dem Jüngsten Tag. Und an den Vorstellungen, die sich in der Theologie über den »Zwischenzustand« entwickelten, spiegelt sich eben die Tatsache, daß die biblischen Aussagen nur fragmentarisch sind. So trat die Vorstellung auf, daß die Verstorbenen bis zum Jüngsten Tag in einem schlafenden Zustand wären (»Psychopannychia«). Oder man nahm an, daß schon gleich nach dem Tode die Seele gerichtet würde und sogleich Seligkeit oder Unseligkeit erlebte, bis dann am Jüngsten Tag noch der auferstandene Leib hinzukäme. Die Frage konnte entstehen, ob damit nicht das Besondere des Jüngsten Tages, als zu der bereits verwirklichten Seligkeit oder Unseligkeit hinzutretend, zu stark abgewertet würde. Ob nicht das Interesse an der für das Ende erwarteten großen Umgestaltung von Himmel und Erde zu kurz käme, wenn die Seele sich schon im Zwischenzustand der seligmachenden Gottesschau (»visio beatifica«) erfreute.

Papst Benedikt II. erklärte 1336 feierlich, seinen Vorgänger Johannes XXII. korrigierend, daß die Seligen »Gott selber klar schauen, den Dreieinigen und Einen, wie er ist«, daß die Seelen der Heiligen im Himmel »das göttliche Wesen schauen, welches sich ihnen unverhüllt klar und offen darbietet« (Bulle »Benedictus Deus«). Das wurde im Konzil von Florenz 1439 noch einmal bekräftigt. Wenn also die »visio beatifica«, die beseligende Gott-Schau, schon bald nach dem Erdentode möglich ist, so ist die Frage fällig: »Was kann da der Jüngste Tag noch Erhebliches darüber hinaus bringen?« Die Auferstehung des Leibes war durch die Überlieferung gegeben, aber man vermochte nicht recht zu sagen, was ihr zusätzlicher Wert sein könnte. Charakteristisch für diese Verlegenheit ist der Satz in B. Bartmanns (katholischem) »Grundriß der Dogmatik« (Freiburg 1923): »Eine Zunahme der Seligkeit nach der Auferstehung ist gewiß; es fragt sich, wie sie zu erklären ist« (S. 566). Es fehlt eine auf das spirituell Konkrete gehende differenzierte Anschauung der übersinnlichen Wirklichkeitsbereiche. Die nach dem Tode für die Entkörperten möglichen »Seligkeits«-Erlebnisse werden in einen einzigen starren absoluten Begriff zusammengezogen, der nicht mehr in Steigerung gedacht werden kann. Mit der Konstatierung der schon nach dem Tode möglichen perfekten »visio beatifica« wird die Auferstehung des Leibes am Jüngsten Tage entwichtigt. Im Hinschauen auf Seligkeits-Erlebnisse der Entkörperten wirkt sich die Einseitigkeit aus, die vom Platonismus herkommt. Es fehlt ein Verständnis für den Gewinn, den der vergeistigte Auferstehungsleib am Jüngsten Tage hinzubringt, als ein Organ, welches die ewige Individualität des Menschen instand setzt, auch in der Geister-Welt bei aller Kommunikation (»eins in dem andern wirkt und lebt«) ganz sie selbst zu sein, als selbständiges Glied der großen himmlischen Gemeinschaft. –

Oder man versuchte, unter Hinweis darauf, daß unsere Zeitbegriffe auf die andere Welt nicht anwendbar wären, den Todesaugenblick und das Erleben des Jüngsten Tages unmittelbar aneinander zu rücken. Eine weitere Frage war, ob es für die verstorbene Seele den Durchgang durch einen Läuterungszustand gäbe – ein »Purgatorium«, ein »Fegefeuer«. Es wurden, z. B. im

sogenannten »Biblizismus«, Versuche gemacht, die verschiedenen, eventuell widersprüchlich klingenden Aussagen über das Jenseits – Hades, Gehenna, »Abrahams Schoß«, Paradies – in einer Topographie der anderen Welt harmonisch einzufassen. Bis nun neuerdings die Ganztod-Theorie den Zwischenzustand völlig weggewischt hat. »Jedenfalls kann die Frage nach den Toten nicht anders als durch den Hinweis auf den Tod und auf den Jüngsten Tag beantwortet werden – kein Wort mehr! Was dazwischen ist, das ist vom Übel« (Paul Althaus, »Die Letzten Dinge«, Gütersloh, 9. Aufl. S. 159). Wir sahen, daß diese gewaltsame Lehre im Christentum nicht heimatberechtigt ist. Aber es bleibt bestehen, daß die bisher entwickelten Anschauungen über den »Zwischenzustand« fragmentarisch sind. *Hier ist im christlichen Weltbild eine Lücke.*
Die Betrachtung der grundlegenden Christus-Ereignisse führte uns zu der Einsicht, daß im Rahmen dieses einmaligen Nieder- und Aufsteigens für eine Wiederverkörperung kein Raum ist. Anders steht es mit der »anderen Seite« des Phänomens »Christentum« – mit der *Christwerdung des Menschen*. Die Erlösungstat ist nicht im Himmel, sondern auf Erden geschehen. Der im Erdenleibe lebende Mensch ist berufen und befähigt, sie entgegenzunehmen. Christ wird man auf Erden. Der Prozeß der beginnenden Durchchristung wird durch den Tod abgebrochen. Im Leben nach dem Tode wird das vergangene Erdenleben verarbeitet, in Erlebnissen von Beseligung und Unseligkeit. Aber wie wird die Spanne zum *Jüngsten Tag* überbrückt? – Hier sollte man die Anschauung der Wiederverkörperung allen Ernstes in Betracht ziehen. Sie könnte genau die »eschatologische Lücke« ausfüllen.

II
Die Wiederverkörperung

Von Buddha zu Lessing

Immer wieder begegnet man dem Vorurteil, die Lehre der Wiederverkörperung sei eine »indisch-buddhistische« Angelegenheit. Wir haben schon anfangs das nordische Beispiel vom König Olaf gebracht, um zu zeigen, daß die Anschauung von der Wiederverkörperung ursprünglich sehr viel weiter als nur in Indien verbreitet war. Wir haben auch darauf aufmerksam gemacht, daß im 18. Jahrhundert die Wiederverkörperungs-Anschauung, die lange Zeit durch die christliche Kirche verdrängt gewesen war, im abendländischen Geistesleben von neuem auftauchte.
Das markanteste Beispiel dafür ist *Lessing*, der 1780 in seiner vermächtnishaften Abhandlung »Die Erziehung des Menschengeschlechtes« mit allem Weltanschauungs-Ernst die Frage nach den wiederholten Erdenleben zur Sprache bringt. Es ist lehrreich, die Grundstimmung dieser Schrift zu vergleichen mit der Grundstimmung des Buddhismus. Für *Buddha* ist die Wiederverkörperung eine selbstverständliche Tatsache. Er findet diese Lehre nicht nur vor, sondern ist sich selbst aufgrund eigener übersinnlicher Schau der Reinkarnation bewußt. Aber sie trägt für ihn ein negatives Vorzeichen. Er erkennt, daß Leben gleich Leiden ist. Daß damit das Leben »widerlegt« ist, daran kann er nicht zweifeln. Die Frage ist, wie das Leiden zu beseitigen sei. Antwort: nur dadurch, daß das Leben zum Aufhören gebracht wird. Aus dem heute herrschenden Materialismus heraus würde man meinen, ohne

weiteres das Mittel in der Hand zu haben, durch welches man das leidvolle Leben zum Aufhören bringen kann – durch Selbstmord. Buddha war tiefer wissend. Er wußte, daß in solchem Falle das Seelisch-Geistige ja doch weiterexistiert mit all dem ihm innewohnenden Lebenswillen, der eben dann von neuem in eine Leiblichkeit führt. Schneidet man eine Pflanze bloß über der Erde ab, so wächst sie wieder nach. Man muß sie mit der Wurzel herausholen. Buddha wußte, daß auch bei einem Menschen, der in seinem Oberbewußtsein das Leben satt hat, gleichwohl in den tieferen unterbewußten Seelenschichten der Lebenswille weiterbrennt, als Hunger nach Dasein, als Begehren, als »Durst«. Soll ein Ende gemacht werden, dann muß der Mensch in energischer meditativer Arbeit in seine Seelen-Tiefen hinunterwirken, er muß einen mühevollen »Pfad« beschreiten, um schließlich den Lebenswillen in seiner Wurzel abzutöten und so zum Nirvana hinzufinden. Damit wird das Unglück der Verstrickung in leibliche Existenzen rückgängig gemacht, der Mensch aus der Tretmühle der Inkarnationen erlöst. Buddha sieht die Erreichung dieses Zieles in einem charakteristischen Bilde – im Bilde eines zum Einsturz gebrachten Hauses. Das Haus steht für die Leiblichkeit. Buddha sieht die Macht, die immer wieder dem Menschen das Leibeshaus aufbaut, wesenhaft vor sich als den »Haus-Erbauer«. Am Ziel des Pfades kann er triumphierend zu diesem sprechen: »Vieler Geburten Kreislauf habe ich rastlos durchwandert, den Erbauer des Hauses suchend. Qualvoll ist dies Immerwiedergeborenwerden. Haus-Erbauer – du bist erschaut! Kein Haus wirst du mehr bauen. Zerbrochen sind deine Balken, eingestürzt deines Hauses First.«
Wie völlig anders ist die Stimmung bei *Lessing!* Für ihn trägt die Vorstellung von den wiederholten Erdenleben ein durchaus positives Vorzeichen. Er sieht in der persönlichen Erdenmenschen-Existenz nicht einen Unfall innerhalb des Weltenseins. Er ist mit seinem Dasein einverstanden und erlebt freudvoll dessen Entwickelungsmöglichkeit. Er kennt die Freude des Werdens, des Lernens, der ein einziges Dasein nicht genugtut. In der Geschichte sieht er nichts Sinnloses, sondern eine fortschreitende Entfaltung menschlicher Möglichkeiten. Die Menschheit schreitet als eine Ge-

meinschaft von Geistern durch die verschiedenen Kulturzeitalter hindurch in einem großen Lern-Prozeß. Wir selbst haben in den vergangenen Kulturen gelebt und tragen ihre Früchte in den noch unterbewußten Tiefen unseres Wesens, vorerst noch um der Unbefangenheit der diesmaligen Existenz willen sie vergessen habend, aber mit der Aussicht, daß das Vergessene deshalb nicht für immer vergessen sein muß.

Vergleicht man diese Konzeption der wiederholten Erdenleben mit dem Buddhismus, so steht man vor einer radikalen *Umwertung* der Werte. Die Größe mit dem Minuszeichen steht auf der anderen Seite der Gleichung als eine Plus-Größe. Die Wiederverkörperung erscheint in einer völlig neuen Beleuchtung. – Zwischen Buddha und Lessing hat sich das Mysterium von Golgatha vollzogen. Auch wenn Lessing in seinem Bewußtsein dem Zeitalter der »Aufklärung« Tribut zollte und das Christentum in seiner Mysterien-Tiefe nicht zu fassen vermochte, stand er doch in dem Strome der objektiven Wirkung des Christus-Ereignisses darin, als er dieses werdefreudige Ja zur Menschen-Existenz sprach. Das noch nicht vom Christentum berührte »Nein« taucht inmitten der abendländischen Kulturwelt eindrucksvoll auf in der vom Buddhismus tingierten Philosophie A. Schopenhauers. Bei ihm findet sich die markante Konstatierung: »Als Zweck unseres Daseins ist in der Tat nichts anderes anzugeben, als die Erkenntnis, daß wir besser nicht da wären. Dies aber ist die wichtigste aller Wahrheiten.«[11]

Im Lukasevangelium steht die Erzählung von dem »Gang nach *Emmaus*« (Luk. 24). In ihr wird anschaulich, wie sich das Christliche zum Buddhistischen verhält. Die beiden nach Emmaus wandernden Jünger haben am Karfreitag den Zusammenbruch ihrer Hoffnungen erlebt, sie suchen im Gespräch miteinander nach einer Bewältigung dieses furchtbaren Rätsels, daß es mit dem Meister ein solches Ende nehmen mußte. Der Auferstandene gesellt sich zu ihnen, wandert mit ihnen, zunächst noch unerkannt. Er fragt nach der Ursache ihrer Traurigkeit und spricht dann ein Wort, das wie die große Zurechtrückung der buddhistischen Lei-

---

[11] »Die Welt als Wille und Vorstellung«, Ergänzungen zum 4. Buch, Kapitel 48.

dens-Wahrheit anmutet: »Mußte nicht der Christus dieses leiden, um in seine Herrlichkeit einzugehen?« (24$_{26}$). Der Christus würde in die ihm ureigene spezifische Glorien-Gestalt nicht Eingang finden ohne den Durchgang durch die Passion. Die Karwoche hat Buddha recht gegeben insoweit, als der Grundton des Erdenlebens Leiden ist. Aber das ist nicht mehr wie bei Buddha das fraglos akzeptierte Argument gegen den Wert des Erdenlebens. Das Leiden offenbart seinen Sinn, es ist die notwendige Vorstufe zur Oster-Glorie. Von dieser Lebens-Bejahung durchdrungen kann Paulus den Römern schreiben: »Ich halte dafür, daß die Leiden unserer Weltenzeit in keinem Verhältnis stehen zu der Glorie, die in bezug auf uns offenbart werden (apokalyptein) soll« (8$_{18}$). – Der Auferstandene spricht die christliche Wahrheit vom Leiden aus, während er mit den beiden Jüngern wandert. Es ist wahrhaft eine Wahrheit, die »auf dem Wege«, die im Begehen eines »Pfades« erwandert wird. Und wie am Ende des Buddhapfades das Zielbild des eingestürzten Hauses steht, so führt der Weg der Emmaus-Jünger, der ihnen zu einem Pfade des Erkennens geworden ist, an seinem Ziele in das Haus (24$_{29}$). In diesem Hause hält der Auferstandene mit den Jüngern das Mahl, und indem er ihnen das Brot bricht, erkennen sie ihn. Am Ende des christlichen Weges steht das Haus der Auferstehungsleiblichkeit, die mit dem Geheimnis des Heiligen Mahles verbunden ist. Das leuchtet in die Emmausgeschichte hinein. Die Jünger könnten mit Buddha sprechen: »Hauserbauer, du bist erschaut«, aber nun nicht in dem negativen Sinne, daß sie in solchem Erschauen sein Werk zunichte machen. Nicht ein böser Dämon wird durchschaut, der den Menschen immer wieder in das Verhängnis der Inkarnation treibt, sondern der Christus selbst erscheint als der große Baumeister, der das Haus für die Ewigkeit baut, wie denn auch schon in tiefer Real-Symbolik Jesus von Nazareth ein Zimmermann, ein »téktōn« (Mark. 6$_3$) war.

Bei Buddha spielen zwei Begriffe eine wichtige Rolle, und zwar in einem durchaus negativen Sinne: als etwas, das auf dem Pfade des inneren Strebens zu überwinden sei, nennt er »*Name und Form*«. Im »Namen« spiegelt sich das »Ich« des Menschen, der irdische Name ist der Stellvertreter des ewigen Namens, mit dem Gott den Menschen ins Sein gerufen hat – so nach christlicher Auffassung. Für Buddha erscheint der »Name« nur als der Sammelpunkt aller illusionären Egoismen, als Inbegriff leeren Selbstwahnes. Das mag weitgehend so sein, aber dieser Mißbrauch, diese Nicht-Heiligung des Namens beweist nichts gegen seine eigentliche Bedeutsamkeit. Die im Namen sich offenbarende Individualität trägt eine ihr eigentümliche Erscheinungsform als ihre Gestalt, sowohl im Geistig-Seelischen als gleichnishafter Weise auch im Leiblichen. Wieder sieht Buddha in der persönlichen »Form« nur das Eigenwillige und Sich-Sondernde, das den Eigenwahn Befördernde. Auch das mag weitgehend so sein, aber für den Christen hat wie der Name so auch der Leib in seiner Eigengestalt seine Würde, indem das Menschenantlitz auch in seiner Unvollkommenheit für das »ewige Antlitz« steht. Name und Form sind letzten Endes das höhere Ich und der Auferstehungsleib. Für beides ist im Buddhismus – bei all seiner Großartigkeit – das Auge noch nicht geöffnet. Buddha lebt noch *vor* dem Ereignis von Golgatha. In dem »Ich bin« des menschgewordenen Christus erklingt der »Name«, in seinem Auferstehungsleib offenbart sich die »Form«. – Mit diesem Einbeziehen der Emmausgeschichte in unsere Betrachtung soll weder behauptet sein, daß sich aus ihr die Wiederverkörperungslehre schon ergebe, noch andererseits, daß Lessing seine Konzeption bewußt an die Auferstehung angeschlossen habe. Aber die im Vergleich mit dem Buddhismus angeschaute Emmaus-Erzählung kann die Aufmerksamkeit auf die Wende hinlenken, die durch Golgatha objektiv eingetreten ist und ohne die das Wiederauftauchen der Wiederverkörperungs-Anschauung im christlichen Abendland mit so völlig geändertem Vorzeichen nicht zu verstehen ist.

Rudolf Steiner

Auf diesem Hintergrund will auch die *Anthroposophie* Rudolf Steiners gesehen werden, die so vielfach in wahrhaft beschämend oberflächlicher Weise als indischer Import betrachtet wird. Rudolf Steiner, 1861 geboren, erlebte schon als Kind, daß sich ihm eine übersinnliche Welt eröffnete, die, wie er bald merkte, für die Menschen seiner Umgebung einfach nicht vorhanden war. So schloß er seine übersinnlichen Erfahrungen in ein konsequentes Schweigen ein, bis zu seinem 40. Lebensjahre. Er hatte von Anfang an ein waches Erkenntnis-Gewissen. Er mußte sich fragen, wie seine übersinnlichen Einsichten mit dem zu verbinden wären, was als naturwissenschaftliche Methode und Erkenntnisgesinnung das Bewußtseinsfeld des modernen Menschen beherrscht. Er knüpfte zunächst an die bis dahin wenig gewürdigten Erkenntnis-Ansätze in Goethes naturwissenschaftlichen Bemühungen an und schritt dann vor zu einer Darstellung seiner eigenen Erkenntnistheorie, die in der »Philosophie der Freiheit« (1894) ihren Abschluß fand. Ohne auf irgendwelche »okkulte« Inhalte Bezug zu nehmen, schlug er damit eine Brücke von der modernen Wissenschaftlichkeit zur Anerkennung des Übersinnlichen, wie es zunächst im seiner selbst bewußt werdenden Denk-Erlebnis ergriffen werden kann.

Erst nach dieser jahrzehntelangen Vorarbeit trat er nach der Jahrhundertwende aus seinem Schweigen über seine übersinnlichen Erfahrungen heraus. Eine Hörerschaft fand er zunächst nur in der Theosophischen Gesellschaft (1875 von H. P. Blavatsky und H. St. Olcott begründet), deren deutscher Generalsekretär er 1902–1912 war. Wie wir schon früher erwähnten, wahrte er sich stets seine völlige Selbständigkeit und stellte im Unterschied zur üblichen theosophischen Lehre das Christus-Ereignis als Mittelpunkt des Weltgeschehens dar. Er erkannte in der Menschheitsgeschichte die Heran-Entwickelung des Ich-Bewußtseins, die zunächst den Menschen sein uraltes Hellsehen verlieren läßt, ihn aber auch befähigt, den Christus als höheres Ich (Novalis: »Das Ich der Iche«) aufzunehmen und dadurch neu den Zugang zu der

Geisteswelt seines Ursprungs zu finden. 1913 gründete Rudolf Steiner die Anthroposophische Gesellschaft. Grundlegende Bücher: »Wie erlangt man Erkenntnisse der höheren Welten?« (1904), »Theosophie« (1904), »Die Geheimwissenschaft im Umriß« (1910).
In den beiden letztgenannten Büchern wird nun auch die Wiederverkörperung im Grundsätzlichen und Allgemeinen dargestellt, nicht in der vagen Form von Ahnungen, Träumen, Aperçus, nicht in Gestalt bloß spekulierenden Nachdenkens, sondern als Resultat gewissenhafter gründlicher Geistesforschung, in eine Gedankenform gebracht, in die ein modernes Bewußtsein einsteigen kann. Als Grundlage wird vorausgeschickt eine Darstellung dessen, was der *Mensch in seiner wahren Wirklichkeit* in seinem Wesen umfaßt. Die heutige Anthropologie kommt nur in sehr beschränktem Maße an dieses Wesen des Menschen heran. Um ihm gerecht zu werden, müssen Forschungsmethoden höherer Art, über die genaue Rechenschaft gegeben wird, angewandt werden. Es ergibt sich als dem physischen Leibe zunächststehendes übersinnliches Wesensglied der Lebens-Organismus, der »Ätherleib«, den auch die Pflanze hat. Träger des Seelischen ist der »Astralleib«, der auch beim Tier vorhanden ist. Innerhalb des menschlichen Seelischen erwacht dann das den individuellen Menschen konstituierende eigentliche »Ich«, sein Geistkern, der aus der Ewigkeit kommt und der durch verschiedene Erdenleben hindurchgeht. Zunächst ist dieses Ich noch weitgehend durch die Hüllen-Natur verborgen. Im physischen, ätherischen und astralischen Leib wirkt die Vererbung. Sie wird keineswegs in Abrede gestellt, aber sie beweist im Grunde nicht mehr, als daß »der Stein, wenn er ins Wasser fällt, naß wird« – wenn sich das Ich in eine bestimmte Familie einkörpert, hüllt es sich in die dieser Familie eigene Hüllen-Natur ein, ist aber gleichwohl im Grunde doch ein eigenes, aus keiner Vererbungslinie ableitbares Wesen. Als solches ist es nicht dazu verurteilt, in der ererbten Hüllen-Natur völlig aufzugehen. Es kann das Überkommene in Arbeit nehmen und es bis zu einem gewissen Grade umgestalten und sich anpassen.
Der Vorwurf, bei der Wiederverkörperungslehre werde die so in-

time Beziehung zwischen Seele und Leib übersehen und ein viel zu äußerliches Verhältnis zwischen beiden angenommen (etwa nach Analogie eines von Zimmer zu Zimmer wechselnden und dieses jeweils nur recht »abstrakt« bewohnenden »möblierten Herren«), kann die anthroposophische Darstellung nicht treffen. Der Eintritt in die Erbmasse einer bestimmten Familie ist nichts Zufälliges. Die herannahende Seele hat schon vorher eine Beziehung zu der betreffenden Erb-Linie aufgenommen, sie sucht sich die für sie geeigneten Bedingungen und ist in der »Wahl ihrer Eltern« von tiefer Schicksalsweisheit beraten. Sie bringt außerdem eigenes Seelisches und auch Ätherisches mit sich herab. Will man dieses Ich von etwas ableiten, so nicht von der Vorfahren-Seite her, sondern »von sich selber«, insofern als es bereits aus früheren Selbstverwirklichungs-Ansätzen in früheren Erdenleben herkommt. Rudolf Steiner weist dabei auf die Tatsache der »*Biographie*« hin, die so nur dem Menschen eignet, auf die spezielle Schicksalsgestalt, auf die »Geistgestalt«, die jedem Menschen in unverwechselbarer Einmaligkeit zugehört und die auf ihre Vorgeschichte und ihre Vorformen in ihren früheren Inkarnationen zurückverweist. Wenn man bei Betrachtung eines Schicksales den Eindruck gewinnt, daß gerade diesem betreffenden Menschen widerfahren ist, was »ihm ähnlich sieht«, »was nur ihm passieren konnte«, ist man diesem Biographie-schaffenden Ich-Wesen und seiner »Geistgestalt« auf der Spur. In den Schicksalsschlägen und in den beglückenden Lebens-Momenten wirken sich vergangene Inkarnationen aus, das Ich aber ist darin frei, wie es sich zu dem stellt, was ihm da begegnet und ihm im Guten wie im Bösen zu-fällt. Es ist auch frei, *ganz neue Anfänge* zu setzen und dadurch im Guten wie im Bösen neue Folgen-Reihen in Gang zu bringen.

Menschen, die schicksalsmäßig miteinander zu tun haben, finden sich nicht nur nach dem Tode, sondern auch im folgenden Erdenleben wieder zusammen, entsprechend den geschaffenen Voraussetzungen. Sie gehen einander nicht dadurch verloren, daß sie im nächsten Leben ein »anderer Mensch« sind. Das Ich bleibt das gleiche. Man muß sich nur klarmachen, daß es in einer tieferen Schicht wohnt als all das, was das Hüllenhafte eines Menschen ausmacht. Dieses Hüllenhafte ist nicht bedeutungslos. Es ist nicht unwichtig, ob ich dieser oder jener Rasse, Nation, Familie, Klasse angehöre, oder gar ob ich Mann oder Frau bin. In alter Zeit, wo das Ich seiner selbst noch nicht stark bewußt war, hatten diese Gegebenheiten entscheidende Bedeutung. Aber das eigentlich »Menschliche« ist über alle diese Unterschiedlichkeiten erhaben. Man ist in erster Linie »Mensch«, und man wird sich dann bemühen, dieses sein Menschentum als Mann oder Frau, als Deutscher oder Franzose darzuleben und sich des hüllenhaft Gegebenen in entsprechender Weise als eines Werkzeughaften zu bedienen.

Man kommt sich durch die Wiederverkörperung auch nicht selbst abhanden, etwa im Sinne der einmal von Wilhelm Busch aufgeworfenen Frage, ob ich dann »noch sagen kann: ich bin's«. *Bin ich es dann noch,* wenn ich mich als ein anderer Mensch verkörpere? Hier müßte wohl erst einmal die Gegenfrage gestellt werden: *»bin ich's denn schon?«* Bin ich nicht zu einem hohen Grade durch Erbmasse und Umwelt bestimmt, ist das nicht nur erst recht wenig, was ich nun wirklich selber aus mir gemacht habe, wo sich meine wirkliche Individualität deutlich zur Erscheinung bringt? Je mehr das wahre Ich des Menschen sich hervorarbeitet, desto ähnlicher wird er sich selbst. Diese Kräfte der Selbst-Prägung bleiben ihm erhalten; je stärker sie schon am Werke waren, desto ähnlicher wird der Mensch sich selbst im Gange der Inkarnationen werden. Durch alle Hüllen-Verschiedenheit hindurch wird sein »ewiges Antlitz« immer mehr zum Vorschein kommen.

Nach Rudolf Steiners Darstellung liegen in der Regel jahrhundertelange *Zwischenzeiten* zwischen den einzelnen Verkörperungen, obwohl es da auch Ausnahmen gibt. Aber normalerweise ist dem Menschen eine lange Zeit in der geistigen Welt gegeben. Dadurch haftet der Reinkarnations-Vorstellung nicht das Hektische an, das ihr in der indischen Auffassung eignet, wo man schon nach kurzer Zeit in den Mutterleib wieder eingeht. Es braucht eine Zeit, bis nach dem Tode das vollendete Erdenleben vor den Augen höherer Wesen, vor dem Angesicht Gottes nach Wert und Unwert verarbeitet worden ist. Während hier auf Erden der verkörperte Mensch sein Lebensgefühl darin hat, daß *er* seine Umwelt in Augenschein nimmt und beurteilt, kehrt sich das nach dem Tode um. Das ganze Wohl oder Wehe des Entkörperten hängt dann davon ab, mit welchem Ausdruck die Augen höherer Wesen auf ihm ruhen. Dadurch wird wahrhaft ein Gericht erfahren. Nachdem diese Lebens-Beurteilung in einem zeitlichen Rückwärtsgang des Erinnerns absolviert und nachdem alles, was in der Seele des Menschen sich so erweist, daß es in der höheren Welt nicht mitleben kann, nicht ohne Leiden und Schmerzen ausgeschieden worden ist, geht der Geistkern des Menschen mit dem Teil des Seelischen, das als geistgeneigt ihm erhalten bleibt, durch weitere Erfahrungen hindurch. Er durchwandelt immer höhere Bereiche der Geistwelt, jeweils nach dem Maße der vorhandenen inneren Verwandtschaft zu ihnen, und bereitet im Verein mit den Engel-Welten und mit den ihm verbundenen Seelen sein nächstes Erdenleben vor, zu dem er dann wieder herabsteigt, wenn es für ihn »an der Zeit ist«, um neue Erlebnisse in einem Erdenleib zu haben, die es in dieser Art »im Himmel« nicht geben kann.

Ein wichtiger Unterschied gegenüber den östlichen Vorstellungen liegt darin, daß Rudolf Steiner ausdrücklich betont, die Reihe der Inkarnationen sei *keineswegs endlos*. Die Möglichkeit, auf der Erde im Menschenleibe zu leben, hat einmal einen Anfang gehabt, sie wird einmal ein Ende haben. Die heutige Menschheit ist durch das allmähliche Bemerken der durch unsere Zivilisation bewirkten Umwelt-Schäden nachdrücklich darauf gestoßen worden, daß die menschliche Weiter-Existenz auf dieser, ganz besondere Bedingungen darbietenden Erde in keiner Weise eine Selbstverständlichkeit ist. Und auch, wenn es mit den heute schon sich abzeichnenden tödlichen Bedrohungen noch einmal einigermaßen gut abginge, kommt doch schließlich einmal der Zeitpunkt, wo menschliche Erden-Inkarnationen nicht mehr möglich sein werden. Der Mensch hat also im Hinblick auf die noch zu einem ganz großen Teil unbewältigte Aufgabe seiner Menschwerdung keine Zeit zu verlieren. Der Vorwurf, die Wiederverkörperungslehre begünstige ein Erschlaffen des Strebe-Gewissens, kann nicht erhoben werden. Der frivolen Einstellung »nach uns die Sündflut«, oder auch: »Komm ich heute nicht, komm ich morgen«, wird gerade durch die anthroposophische Auffassung der Boden entzogen. Die Verantwortlichkeit, die mit jedem Erdenleben für den Menschen verbunden ist, tritt hier mit allem Ernst zutage. – Da sich das Ich immer mehr zur Freiheit hinentwickeln und zur freien Verantwortlichkeit heranreifen soll, wird auch der Einwand gegenstandslos, die Wiederverkörperungslehre involviere einen Automatismus der Entwickelung. Wenn die Anthroposophie von »*Entwickelung*« spricht, so tut sie das nicht in der naiven Art, wie im 19. Jahrhundert vielfach unter dem Eindruck naturwissenschaftlicher Entdeckungen gesprochen wurde. »Entwickelung« im Sinne der Anthroposophie ist etwas Vielschichtiges und Differenziertes. Die Betrachtung der Wirklichkeit zeigt, wie in die Entwickelung immer auch wieder Rückläufigkeiten eingebaut sind, wie oftmals neue Errungenschaften durch wenigstens zeitweise wirkende Einbuße früherer Fähigkeiten erkauft werden, wie es manchmal »auch rückwärts vorwärtsgehen« kann. Der Durchgang durch wiederholte Erdenleben, der den Menschen mit den negativen Folgen seiner Schuld konfrontiert, die Gerichts-Erlebnisse nach jedem Erdentod – all das ist noch keine Garantie dafür, daß es mit dem Menschen von Erdenleben zu Erdenleben automatisch »besser und besser« werden müßte. Das besteht gewiß als eine Möglichkeit, aber der Mensch muß an seiner Menschwerdung mit-tun. Je nach seinem Verhalten kann es auch von Erdenleben zu Erdenleben »schlechter und schlechter« mit ihm werden. So ist die Wiederverkörperung als solche keineswegs dasselbe wie »*Wiedergeburt*«. Sind die Inkarnationen zu Ende, dann folgt auf das jeweilige nachtodliche Gericht wahrhaft ein »*Jüngstes Gericht*«, mit der Eventualität, daß dann in der Menschheit eine Scheidung eintritt in solche, die ihre Erdenleben im rechten Sinne genutzt haben, und in solche, welche die im Erdendasein vorhanden gewesene Möglichkeit mißachtet haben. Letzten Endes wird entscheidend sein, ob der Christus von den Menschen aufgenommen sein wird oder nicht. Ohne das aufzunehmen, was durch den Christus in die Menschheits-Entwickelung eingetreten ist, kann die Aufgabe der Menschwerdung nicht wirklich gelöst werden. Mensch-Werden wird sich immer mehr als mit Christ-Werden identisch erweisen, wobei das letztere selbstverständlich nicht in einem eng-konfessionellen Sinne gemeint ist. – Rudolf Steiner ist nicht von einem christlich-apologetischen Interesse zu seinen christologischen Aussagen geführt worden. Er ist in der konsequenten Verfolgung seines Forschungsweges in der Weise einer höheren Empirie auf die übersinnliche Tatsache gestoßen, die dem Christentum zugrunde liegt. Diese Christus-Schau wirft auch auf die Lehre vom *Karma* ein neues Licht. Mit dem Wort »Karma« deutet die alte indische Anschauung auf den Zusammenhang hin, der als Ursache und Wirkung sich von einem Erdenleben auf das andere erstreckt. Das Gesetz von Saat und Ernte (»Was der Mensch sät, das wird er ernten«, Gal. 6₇) gilt auch von Erdenleben zu Erdenleben. Die Taten und Leiden der einen Inkarnation, nachdem sie ohne fortlaufende irdisch-materielle Vermittlung durch einen rein geistig-seelischen Bereich hindurchgetragen worden sind, rufen in der nächsten Inkarnation entsprechende Rückwirkungen hervor. Je mehr das eigentliche zum freien Schöpfertum berufene »Ich« in Funktion tritt, desto bedeutsamer wird neben dem Aspekt des »Erntens« der des »Säens«, im Sinne der Fähigkeit, neue »Anfänge« zu setzen, neue Einschläge ins Dasein hineinzubringen. Was als »Liebe von oben« in das Erdendasein schöpferisch – aus der höheren Welt heraus »geschöpft« – hereingetragen wird, das wirft die »Mathematik« des Karma in der Ursache-Wirkung-Verflechtung nicht über den Haufen, aber es fügt einen neuen zusätzlichen Faktor in die Schicksalsrechnung ein, wodurch das Resultat ein anderes wird.

Das gilt im höchsten Sinne von dem Christus selber. Er bringt, wie wir sagten, SICH SELBST und verändert als neu hinzutretenden Faktor die Schicksals-Bilanz der Menschheit. Daß es so etwas gibt wie eine »Sünde der Welt«, die von dem Gotteslamm getragen wird, setzt zum Verständnis die Karma-Anschauung voraus. Die Missetaten der Menschheit sind eine geistige Realität. Sie sind wesenhaft im Unsichtbaren der Welt vorhanden als eine Unheilsmacht. »Wiedergutmachen« kann der Mensch immer nur einen Teil seiner verkehrten Taten. Er kann unter Umständen aus tiefem Bereuen heraus ein Heiliger werden. Er kann, wenn es die Umstände erlauben, dem Opfer seiner Verfehlung ein solches Gutes erweisen, daß es einen gewissen Ausgleich bedeuten mag. Wenn nicht mehr in diesem, dann in einem späteren Leben. Aber

es wäre oberflächlich zu meinen, daß damit wirklich schon alles getan wäre. Alle solche »Wiedergutmachungen« schaffen die Tatsache nicht aus der Welt, daß das Böse eben geschehen ist und durch sein Wirklich-Werden den Gesamtbestand der Welt verändert hat. Der Mensch sündigt stets »über seine Verhältnisse«. Er geht eine Verschuldung ein, die über den Bereich seines Wiedergutmachenkönnens hinausliegt. Rudolf Steiners diesbezügliches geistiges Forschungsergebnis klingt mit biblischen Aussagen zusammen. Jene dritte Dimension der bösen Tat, daß sie nicht nur den Täter selbst und dessen Opfer schädigt, sondern im unsichtbaren geistigen Weltbestand etwas ver»bricht«, kommt in dem 51. Psalm zum Ausdruck, wo der Beter zu Gott spricht: »An Dir allein habe ich gesündigt.« Ebenso in dem Wort des verlorenen Sohnes, der zu seinem Vater spricht: »Ich habe gesündigt gegen den Himmel...« – dann erst folgt: »und vor dir« (Luk. 15$_{18, 21}$).
All das, was so das Wiedergutmachungs-Vermögen des Menschen übersteigt, ballt sich gleichsam wie zu einer unheilschwangeren Wetterwolke zusammen als »die Sünde der Welt«. Die Menschheit ist verloren, wenn nicht ein Wesen höherer, ja höchster Ordnung ihr zu Hilfe kommt, das einen – wenn man so sagen darf – viel größeren »Aktionsradius« hat als der Mensch und das die Macht besitzt, es mit jenem Unheilsfaktor aufzunehmen. Dies ist Christus als das »Lamm Gottes«. Durch seine Menschwerdung macht er sich mit der Menschheit solidarisch. Indem er »Fleisch wird«, bis zur Todes-Konsequenz, schafft er die Voraussetzung, um an die von den Menschen hervorgebrachte Weltenschuld »herankommen« zu können. Der Christus muß leiden, weil die »Sünde der Welt« real vorhanden ist. Er nimmt dieses Leiden aber in freier Opfertat auf sich. Für jeden anderen Menschen gilt, daß der »Tod der Sünde Sold« ist. Bei dem Christus ist das anders. Dadurch erhält sein Tod eine ganz andere Wertigkeit. Nicht wie beim sündigen Menschen wird bei ihm die »Leidensfrucht« des Sterbens zur eigenen Sühne aufgebraucht, sondern diese Leidensfrucht kommt der Menschheit zugute. – Weil man sich auf das Gesetz des Karma – Saat und Ernte – verlassen kann, darf von der Erlösungskraft des Christus-Todes gesprochen werden, der als Liebe von Oben den neuen zusätzlichen, das Endresultat verändernden

Faktor in die Schicksals-Rechnung der Menschheit einfügt. In seinem Vortragszyklus »Christus und die menschliche Seele« (Norrköping, Juli 1914) hat Rudolf Steiner den Einklang zwischen »Gnade« und recht verstandener Karma-Idee dargestellt.

Damit entfällt auch der Einwand, daß die Wiederverkörperungslehre, indem sie die Gelegenheit zu moralischer Weiterentwickelung und zu Wiedergutmachungen in Aussicht stellt, die Gnade ausschalte durch »Selbsterlösung«. Rudolf Steiner hat mit aller Klarheit dargestellt, daß alles menschliche Bemühen und Weiterentwickeln – so unerläßlich es ist – ohne den Christus und sein Opfer nicht zum Ziele führen könnte.

Die Weisheit vom Menschen

Als Rudolf Steiner 1912 den Namen »Anthroposophie« an die Stelle des bisher hauptsächlich gebrauchten Wortes »Theosophie« setzte, sollte damit nicht das »Menschliche« gegen das »Göttliche« ausgespielt werden, etwa in der Art, wie das in gewissen Richtungen des »Humanismus« geschehen ist. Es sollte vielmehr zum Ausdruck gebracht werden, daß in unserem 20. Jahrhundert ein wichtiger *neuer Schritt im Bewußtwerden des Menschen um sein eigenes Wesen* möglich geworden ist. Eine entscheidende »Erweiterung« dessen, was der Mensch von sich selber weiß. Der Inbegriff des »Menschlichen«, das *»Humanum«*, gewinnt nach dem Übersinnlichen zu ganz neue Dimensionen. Dadurch wird es möglich, das Christus-Wesen in seiner Bedeutung für das wahre Mensch-Werden zu erkennen. Ein *höherer Humanismus* kann auf diese Weise erstmalig für das menschliche Bewußtsein mit dem *Christentum* zur völligen Deckung kommen.

In den großen vorchristlichen Kulturen überstrahlte das Anschauen der göttlichen Schöpferwelten noch weithin das Bewußtsein des Menschen um sein eigenes Wesen. Das Bewußtsein um das »Ich bin« lag weithin noch im Schlummer. Der Christus konnte nicht früher kommen, als bis die »Zeit erfüllt war«, als bis das Bewußtsein des Menschen um sein Ich-Wesen wenigstens bis zu einem gewissen Grade aufgewacht war. Dieses Aufwachen trat in der griechisch-lateinischen Kulturepoche ein. Gegen die Zeitenwende hin, im 2. vorchristlichen Jahrhundert, beginnt erstmalig ein ausgesprochener *»Humanismus«* sich zu artikulieren, in der Begegnung römischer und griechischer Persönlichkeiten, über die nationalen Schranken hinweg, auf »rein menschlicher Basis«. Das geschah in dem Kreis, der sich um den jüngeren Scipio bildete und dem der aus Griechenland »deportierte« Polybios angehörte, als Zivilgefangener. Der Stoiker Panaitios und der Lustspieldichter Terenz, ein freigelassener Sklave, stießen ebenfalls zu diesem Kreise. Dieses Hinstreben nach dem rein Menschlichen lag damals in der Luft. Terenz hatte einen ungewöhnlichen Theater-Erfolg, als er in seinem »Heautontimorumenos« den alten Chremes in einer gar nicht einmal besonders sentenziös-gemeinten Art die Worte sagen ließ: »homo sum, humani nihil a me alienum puto« (I 1, 25) – »ich bin ein Mensch, nichts Menschliches ist mir fremd«. Noch nach einem halben Jahrtausend weiß der Kirchenvater Augustin, wie dieser Satz damals einschlug. »Dieser Sentenz haben, wie man überliefert, sogar die mit törichten und ungebildeten Leuten vollbesetzten Theater applaudiert« (Brief an Macedonius). – Über den Stoiker Poseidonios findet dann die »Humanitas« ihren Weg zu Cicero (106–43). R. Reitzenstein sagt[12], daß die griechische Sprache noch kein eigentliches Wort dafür geschaffen habe, »ja selbst der Begriff ist noch unentwickelt. Erst bei den Römern finden wir immer wieder die Worte ›echter Mensch‹ und ›Menschentum‹, humanus und humanitas ... Dem ›homo Romanus‹, wie ihn Cato fordert, ist in einem bestimmten Kreise mit Bewußtsein der homo humanus entgegengestellt worden.« Das griechische Wort »philanthropia« hatte diesen spezifischen Klang noch nicht. So kommt das im Neuen Testament Gemeinte in bezug auf den Begriff der Menschlichkeit ausnahmsweise in der lateinischen Übersetzung noch deutlicher zur Geltung als im griechischen Urtext. Lukas berichtet in der Apostelge-

---

[12] »Werden und Wesen der Humanität im Altertum«, Straßburg 1907.

schichte, wie der Hauptmann Julius den gefangenen Paulus »humane« behandelt (27$_3$), und er rühmt die ungewöhnliche »humanitas« der Malteser (wegen ihrer semitischen Sprache als »barbaroi« bezeichnet) den Schiffbrüchigen gegenüber (28$_2$). Paulus spricht im Titusbrief (3$_4$) bedeutsam von der »humanitas« Gottes, die durch Christus erschienen ist – »Menschlichkeit Gottes ...« Man wird heute geneigt sein, in dieser aufkommenden »Humanitäts«-Gesinnung der Antike einen der Umweltfaktoren zu sehen, die das Christentum hervorbrachten. Wenn man in dem Heran-Nahen des Christus-Wesens zur Inkarnation hin einen geistig-objektiven Vorgang anerkennen kann, wird man solche Phänomene wie das Auftauchen der »humanitas« eher nach Analogie einer Morgenröte betrachten, welche den nachfolgenden Sonnenaufgang nicht verursacht, sondern umgekehrt als zeitlich Früheres von dem zeitlich Späteren verursacht wird.
Als ein Zeitgenosse des Paulus spricht Seneca ein so großartiges Wort aus wie: »homo res sacra homini«, der Mensch ist dem Menschen eine heilige Angelegenheit. Und doch war Seneca kein Christ. Wir stehen vor der Tatsache, daß der erwachende »Humanismus« *neben* dem Christentum einherging. Daß in dem Christus Jesus das ureigentliche »Humanum« als wirkendes Urbild erschienen war, konnte vom Bewußtsein der frühen Christenheit nicht im vollen Umfang erfaßt werden. Man zog keine Verbindungslinie vom »Ecce homo« (Joh. 19$_5$) zur »Humanitas«. Pilatus wird sich nicht bewußt gewesen sein, was er damit aussprach, aber er war in diesem Moment der Interpret der Weltgeschichte. Die »Humanisten« hatten das Ideal, die Christenheit hatte die Realität, aber nicht voll um sie wissend, wie denn auch das Ich-bin-Motiv, welches das Johannesevangelium beherrscht, in der ganzen bisherigen christlichen Geistesgeschichte nur im äußerlichen Sinne einer gewöhnlichen Selbstaussage und nicht in seiner ungeheuren prinzipiellen Bedeutung genommen worden ist: als Offenbarung eines den zur Ichheit berufenen Menschen zutiefst angehenden Mysteriums. Ebenso ist es eine merkwürdige Tatsache, daß im Alten Testament das gewaltige Urwort der Genesis (1$_{26}$) vom Menschen als »Ebenbild und Gleichnis Gottes« sich wie ein einsam ragender Hochgipfel ausnimmt, der ganz für sich al-

lein dasteht. Es wird auf diese Magna Charta des Menschentums, abgesehen von ganz wenigen Stellen (1. Mos. 5₁, 9₆, Psalm 8₆, 82₆, Sir. 17₃) im Alten Testament sonst nicht zurückgegriffen. Man war mit seinem Bewußtsein dieser erhabenen Inspiration einfach noch nicht nachgekommen. Die christliche Kirche hat dann, so gut sie es vermochte, die in Christus Jesus stattgehabte Menschwerdung Gottes dogmatisch festgelegt, ohne sich darüber voll klarzuwerden, daß diese Menschwerdung ihre Konsequenz auch für das »Humanum« hat.

Als die Theaterbesucher dem homo-Wort des Terenz zujubelten, da war es wohl in erster Linie der Aspekt der uns alle verbindenden, durch unsere Menschengeburt gegebenen Kameradschaft im Menschlichen, bis hin zum toleranten Verstehen auch des »Allzumenschlichen«. Das Bewußtsein um die Mangelhaftigkeit und Bedrohtheit irdischer Menschen-Existenz ist gewiß auch ein Bestandteil des »Humanum«. Aber durch das Eingegangensein des Christus in die Menschen-Existenz, wobei er die als göttlich mitgebrachten Kräfte in menschliche transformierte und wirklich »als Mensch« durch das Erdenschicksal ging, hat das *»Humanum«* eine *Erweiterung* erfahren. Zu Ostern stand der Christus nicht nur als Gott aus dem Grabe auf, sondern auch »als Mensch«. Auch für den Auferstandenen und für den zum Himmel Fahrenden gilt das »ecce homo«. Was da an einem Menschenwesen geschah, das gehört seitdem potentiell der ganzen Menschheit an. Zum Vollbegriff des »Humanum« gehört nicht bloß die Schwäche und Hinfälligkeit, sondern ebenso auch, was diese zu überwinden vermag: das Auferstehliche und das Himmelfahrtliche. Der am 23. Januar 1945 in Plötzensee hingerichtete Theodor Haubach hat dafür ein Empfinden gehabt: »Je mehr ich versuche, in die dunkle Weisheit der beiden Testamente einzudringen, desto mehr drängt sich mir der Gedanke auf, daß in den letzten Jahrhunderten ein wesentlicher Gedanke der göttlichen Botschaft verdunkelt worden ist, nämlich der, daß der Mensch nicht nur abgefallen, sündig, klein und erbärmlich ist, sondern auf der anderen Seite des Göttlichen teilhaftig werden kann in einem Maße, wie es unser gesunkenes Zeitalter überhaupt nicht mehr begreift« (6. Juli 1944).

Was nach dem Ausgang der Antike als sich fortsetzende Strömung des »Humanismus« auftrat, das ist doch auch immer wieder, von wenigen Ausnahmen abgesehen, *neben* dem Christentum hergegangen, stand ihm sogar gelegentlich in einer gewissen Spannung fremd wo nicht feindlich gegenüber. So zur Zeit der *Renaissance*, wo tiefere Geister auf die antiken Mysterien hinblickten, während andere ihr Hauptideal darin sahen, ein elegantes Latein im Stil Ciceros zu schreiben. Pico della Mirandola suchte die Zusammenschau. – Dann folgte die Welle des Humanismus im Zeichen des deutschen *Idealismus*. Goethe kam nahe an die Verbindung von Humanitas und Christentum heran; in dem großangelegten Gedicht »Die Geheimnisse« heißt die zentrale Gestalt »Humanus«, und das Zeichen des Rosenkreuzes deutet auf christliche Esoterik hin – jedoch das Gedicht blieb Fragment. Die »reine Menschlichkeit«, die »alle menschlichen Gebrechen sühnt«, wurde noch nicht wesenhaft-konkret in dem Christus erkannt. Was nach dem Tod Goethes als *Materialismus* hereinbrach, das hat dann die »Humanität« zu seiner Devise gemacht als etwas, was man an die Stelle des erledigt geglaubten Christentums setzen wollte. Typisch ist der Ausspruch des großen Mediziners Virchow: »Die Basis des Humanismus ist die Naturwissenschaft, sein eigentlicher Ausdruck die Anthropologie.«[13] Angesichts der naturwissenschaftlichen »Anthropologie«, die an den eigentlichen »Anthropos« nicht herankommt, ist es verständlich, daß in der heutigen Theologie das Wort »Humanismus« keinen guten Klang hat und daß man sich bemüht, Christentum und Humanismus nach Möglichkeit auseinanderzudividieren, so wie andererseits der »Humanismus« gegen das Christentum ausgespielt wird.

Eine bloße Anthropologie im Sinne von Virchow kann ihrem Gegenstand nicht gerecht werden, nur eine Anthropo-Sophia, die durch das Einbeziehen höherer Erkenntnisfähigkeiten den wahren »Menschen« vor die Anschauung bekommt. Das Menschenwesen, wie es sich der Anthroposophie darstellt, in der Differenziertheit

---

[13] R. Virchow, »Gesammelte Abhandlungen zur wissenschaftlichen Medizin«, Frankfurt a. M. 1856. Vgl. Gerhard Hiltner: »Rudolf Virchow«, Stuttgart 1970.

seiner Hüllen, welche physisch, ätherisch und astralisch das Ich umschließen, ist keine statisch ruhende, sondern eine dynamisch in Bewegung befindliche Angelegenheit. Der eigentliche Ich-Kern erwacht immer mehr zu sich selbst und nimmt dementsprechend die Hüllennatur immer mehr in Arbeit, um sie sich ganz zu eigen zu machen. Durch solches Arbeiten wird die allmähliche Heranbildung einer höheren Geist-Natur eingeleitet. Am Ende dieser Hinaufverwandlung erscheint als Fernziel das Auferstehliche und das Himmelfahrtliche – aber nur, wenn der Christus und die »Dynamis seiner Auferstehung« (Phil. 3$_{10}$) in die Menschwerdung hereingenommen und die das wahre Menschentum bedrohenden Kräfte der Widersachermächte dadurch überwunden werden. Die Gottheit hat sozusagen das Risiko der menschlichen Freiheit auf sich genommen. Dem Menschen steht die Zukunft offen, einerseits für ein furchtbares Verderben, andererseits für die Erweiterung des »Humanum« in das Auferstehliche und Himmelfahrtliche hinein, das letztere durch die Verbindung mit dem Christus. Mit dieser Einsicht hat die Anthroposophie zur Deckung gebracht, was in der bisherigen Geschichte des Christentums durch beiderseitige Bewußtseinsbefangenheit *neben*einander einhergegangen ist: Humanismus und Christentum. Der Name »Anthroposophie« bringt diesen neuen Schritt in der Selbstgewahrwerdung des Menschenwesens programmatisch zum Ausdruck. Dementsprechend trägt in der Christengemeinschaft die Altarhandlung den in der christlichen Liturgiegeschichte noch niemals dagewesenen Namen »Menschen-Weihe-Handlung«. Ebensowenig wie »Theo-Sophie« durch »Anthroposophie« beiseite geschoben sein soll, ebensowenig bedeutet das Wort »Menschen-Weihe-Handlung« eine Opposition gegen den Begriff des »Gottesdienstes«. Es wird nur im Konkreten ausgesagt, daß wir gerade dadurch Gott dienen, daß wir ihm seinen Menschen-Plan verwirklichen helfen – und das geschieht eben durch den Anschluß an den Christus. Der »Sache nach« ist das christliche Mensch-Mysterium in der Bibel enthalten, dem Bewußtsein nach noch nicht voll zur Entfaltung gebracht.

Eine Weisheit, die das »Humanum« als geistwärts offen und zugleich den Christus als den Verwirklicher dieser Zukunfts-Hoffnung erkennt, führt auch zur Einsicht in die wiederholten Erdenleben. Der Christus ist zugleich *Gabe* und *Aufgabe* für den Menschen. Wie bei Lessing eine Lern- und Werdefreudigkeit vorhanden war, die ihn erwartungsvoll weiteren Erdenleben entgegenblicken ließ, so gibt es auch gerade auf Grund der wachgewordenen Einsicht in das Menschheits- und Christusgeheimnis eine bewußt christliche Lern- und Werdefreudigkeit, die es als Gnade erlebt, daß der Christ nicht nur dieses eine Erdenleben zur Verfügung hat, um »aus der Fülle des Christus zu schöpfen«.

Die *vorchristliche* Zeit nahm die wiederholten Leben in einer gewissen traumhaften Dumpfheit als instinktiv gewußte Tatsache hin. Es konnte den Anschein gewinnen, daß diese Wiederholung ohne Anfang und Ende immer so fortgehe. Es konnten auch gewisse übersinnliche Eindrücke, die man etwa von den im Nachtodlichen weiterwirkenden Begierdemächten entkörperter Seelen in Schau-Bildern erhielt, zu dem Mißverständnis führen, als gäbe es für den Menschen auch eine Seelenwanderung durch Tierleiber hindurch. Es konnten auch Eindrücke, die man von den übersinnlich weiterlebenden Ahnen bekam, im Sinne eigener früherer Inkarnationen mißdeutet werden. So war es sinnvoll, wenn für den Menschen, der aus alten, oft schon in die Dekadenz geratenen Götterträumen zu sich selbst auf Erden aufwachen sollte, für eine Zeit die weiten übersinnlichen Horizonte zugedeckt wurden und alles Licht sich auf das gegenwärtig zu absolvierende Erdenleben konzentrierte. So wie der Einblick in die höheren Wesensreiche in einer »Götterdämmerung« verlorenging, so auch der Ausblick auf die mehreren Inkarnationen. Erst wenn der auf Erden selbständig und mündig gewordene Mensch in Freiheit den Christus aufnimmt, kann er allmählich zu einem neuen, nunmehr viel bewußteren Gewahrwerden der höheren Welten und auch der wiederholten Erdenleben hingeleitet werden. – War der Orient dafür besonders begabt, die rhythmisch wiederkehrenden *Kreisbewegungen* im Zeitenlauf zu bemerken, so entwickelte das Alte Testament erstmalig im großen Stil das Empfinden für das Geschichtlich-*Lineare*. Da führt eine Linie fortschreitend von einem Anfang zu einem Ende. Nur ein solches Geschichtsgefühl, das um Anfang und Ende weiß, kann dann auch so etwas wie das Mysterium von Golgatha in seiner Einzigkeit und Einmaligkeit erfassen, als den Mittelpunkt des ganzen Geschehens bildend.

Nachdem die an dem biblischen Weltbild erzogene christliche Menschheit sich hinreichend mit dem Ernst dieses linearen Geschichtsaufrisses durchdrungen hat, kann sie darangehen, nun auch die Wahrheit von den wiederkehrenden Kreisbewegungen hinzuzugewinnen, ohne die lineare Gerichtetheit einzubüßen. Das ergäbe etwa das Bild der *Spirale,* der die Kreisbewegung eignet und doch die lineare Vorwärtsbewegung im Ganzen. Goethe spricht am Ende des 8. Buches von »Dichtung und Wahrheit« davon, »daß wir, indem wir von einer Seite uns zu verselbsten genötigt sind, von der andern in regelmäßigen Pulsen uns zu entselbstigen nicht versäumen«. Ein solcher Rhythmus von Verselbstigung in einer Erden-Inkarnation und Entselbstigung in einem den Geisteswelten hingegebenen nachtodlichen Dasein wird in der anthroposophischen Darstellung der Reinkarnation anschaulich. Aber in diesen Kreisen bewegt sich das Ganze seinem Ziele zu. Dabei kann von Kreis zu Kreis jeweils immer mehr Himmlisches ins Irdische herabgeholt und immer mehr Irdisches, das himmelsreif geworden ist, emporgetragen werden. Was bei der Weltschöpfung in die Polarität »Himmel-Erde« auseinandertrat, darf sich dann, wie es die Apokalypse ausdrückt, in der »Hochzeit des Lammes«, in der Vermählung eines »neuen Himmels« und einer »neuen Erde« wieder vereinigen.

Wir haben den Zusammenhang zwischen Menschenwesen, Christuswirkung und menschlicher Reinkarnation so ausführlich dargestellt, um zu zeigen, daß es sich bei der Wiederverkörperungslehre, so wie sie bei Rudolf Steiner vorliegt, nicht um irgendeine okkulte Sonderdoktrin handelt, sondern um etwas, was *organisch in dem großen christlichen Weltbild darinsteht.* Diese Anschauung füllt tatsächlich die »Lücke« aus, auf die bei der Betrachtung der christlichen Eschatologie, der Lehre von den letzten Dingen, hingewiesen wurde. Es sei noch einmal betont, daß Rudolf Steiners Forschungsweg nicht von einer speziellen Intention getragen war, diese Lücke auszufüllen. Nachdem das Resultat dieser Geistesforschung aber nun einmal vorliegt, können wir nicht anders als konstatieren, daß sich dadurch die Lücke schließt zwischen

Tod des Christenmenschen und Jüngstem Tag. – Es fällt dadurch auch eine Schwierigkeit hinweg, die den früheren Christen noch nicht so recht bewußt gewesen zu sein scheint, die sich gerade aus der Einzigkeit der Christus-Tat ergibt. Das Christentum müßte sich selbst aufgeben, wenn es den *Absolutheitsanspruch* irgendwie relativieren wollte, der von Petrus so ausgesprochen ist: »Es ist in keinem anderen Heil« (Apg. 4$_{12}$). Heute, wo man die Religionsgeschichte überblickt und mit Menschen anderer Religionen den Dialog sucht, kann solch ein Ausspruch fanatisch und engherzig wirken. Die Anthroposophie kann aufzeigen, wie in allen Religionen ursprüngliche Erfahrung der höheren Welten in allerdings differenzierter Weise zugrunde liegt. Daß Gott »sich nicht unbezeugt gelassen« hat, kann im einzelnen und Konkreten eingesehen werden. Es kann auch gesehen werden, wie in den alten Religionen mehr oder weniger deutlich die Anknüpfungspunkte zum damals noch bevorstehenden Christus-Mysterium zu finden sind. Durch das Bekanntwerden mit den Begriffen der »Imagination« und »Inspiration« kann man *Wahrheits-Werten des »Heidentumes«* in seinen Mythen und Riten gerecht werden. Im Blick auf die wiederholten Erdenleben gewinnt die Tatsache, daß die Menschen der vorchristlichen Zeit und die bisher außerhalb des Christlichen Stehenden den Christus noch nicht bewußt aufgenommen haben, ein anderes Licht. – *So wie das Gesamt-Weltbild des Christentums seine Vollständigkeit gewinnt durch den Blick auf die Wiederverkörperung, so wird die Lehre von der Wiederverkörperung in ihrem wahren Sinn-Gehalt erst voll evident durch die Hinordnung auf das zentrale einmalige Christus-Ereignis.*

Wir wenden uns nun der Frage zu, wie sich die hier charakterisierte Wiederverkörperungs-Anschauung zu gewissen Aussagen der Bibel und speziell zu den eschatologischen Texten des Neuen Testamentes verhält.

III

Wiederverkörperung und Bibel

Altes und Neues Testament

Es dürfte mit der Herausstellung des Geschichtlich-Linearen im *Alten Testament* zusammenhängen, daß von wiederkehrenden Erdenleben so gut wie gar nicht die Rede ist. Lessing gebraucht in seinem Essay über die Wiederverkörperung den Begriff der »Erziehung« des Menschengeschlechtes. Die Art, wie er von den »Elementarbüchern« des Alten und Neuen Testamentes spricht, ist stark von dem damals herrschenden Rationalismus gefärbt, aber die Grundkonzeption der »Erziehung« ist durchaus im Einklang mit Paulus, der das alttestamentliche Gesetz als den Lehrmeister, den »paidagogos« auf Christus hin versteht (Gal. 3$_{24}$), nach dessen Kommen wir »nicht mehr unter dem ›paidagogos‹ sind, wenn wir uns dem Christus glaubend eröffnen«. Es kann also nach Paulus eine gewisse Einseitigkeit mit der Erziehung verbunden sein, über welche dann die einsetzende christliche Entwickelung hinausführen darf. In ähnlicher Weise kann das Alte Testament als paidagogos angesehen werden, der, um das Bewußtsein für das »Lineare« erst einmal gründlich zu wecken, aus pädagogischen Gründen die weiten Horizonte der Wiederkehr-Rhythmen für eine gewisse Zeitspanne zudeckte.

Man hat in dem Psalmwort »Kehrt wieder, Menschenkinder!« (90$_3$) einen Hinweis auf die Wiederverkörperung finden wollen – wohl mit Unrecht. Der Urtext meint entweder die Rückkehr der sterbenden Menschen, wobei im Sinne des »Predigers Salomo« der »Staub zur Erde« und der eingehauchte »Geistesodem zu

Gott« zurückkehrt (Pred. Sal. 12,7). Oder das Wort »Kehrt wieder« könnte sich auf das Geborenwerden neuer anderer Menschen beziehen (Pred. Sal. 1,4).

Bedeutsam ist dagegen die Weissagung, die das letzte der Prophetenbücher abschließt (Maleachi 3,23): »Siehe, ich will euch senden den Propheten *Elias,* ehe denn da komme der große und schreckliche Tag des Herrn.« Das würde doch besagen, daß ein Wiederkommen in neuem Erdenleben überhaupt möglich ist, auch wenn es sich vielleicht um einen Ausnahmefall handelt. Hier war für die alttestamentliche Strömung immerhin ein Ansatzpunkt für eine Wiederverkörperungs-Anschauung gegeben, die ja dann in der jüdischen Geheimlehre eine gewisse Rolle spielt, am markantesten in der Kabbalistischen Schule des Lurija (1534–72) in Safed.[14]

Durch die Wiederverkörperung des Elias in Johannes dem Täufer ist das Alte Testament mit dem *Neuen Testament* konkret historisch verklammert. Auch im Neuen Testament setzt sich die »pädagogische« Zudeckung der weiteren Horizonte noch fort. Aber an dem Beispiel *Elias – Johannes* wird die Wiederverkörperung ausdrücklich ausgesprochen, von dem Christus selbst. Daß nach dem Johannesevangelium der Täufer auf die Frage »bist du Elias?« antwortet: »bin's nicht« (1,21), besagt nur, daß es ihm selber nicht bewußt ist. Diese Verneinung ist übrigens in feiner Differenzierung anders formuliert als die vorangehende Verneinung auf die Frage hin: »Wer bist du?« (1,19). Da lautet die Antwort in unzweideutiger Klarheit: »Ich bin nicht der Christus« (»ego ouk eimi«). Das »Ich« (ego) ist aus dem »bin« herausgehoben und betont. »Mein Ich ist nicht identisch mit dem Ich des Christus.« Bei der Eliasfrage lautet die Antwort nur »ouk eimi« – »bin nicht«. Im Johannesevangelium, in dem das Motiv des »ego eimi« eine so zentrale Rolle spielt, erhält das »ouk eimi« (ohne »ego«) eine gewisse kontrastierende Beleuchtung. »Bin nicht« – in diese Formel kleidet sich bei Johannes (sonst nur einmal bei Lukas, 22,58) in betonter Wiederholung die Verleugnung des Petrus (18,17 und

---

[14] Vgl. Gershorm G. Scholem, »Major trends in Jewish mysticism«, New York 1954, S. 281–285.

19_{25}). Petrus ist nicht voll im Selbstbesitz seines Ich-Bewußtseins. Bei Johannes dem Täufer hat das »bin nicht« einen anderen Hintergrund, aber es bildet ebenfalls einen Kontrast zu dem »Ich Bin« des Christus. Hierzu sei Fr. Rittelmeyer zitiert[15]: »Das Wort des Täufers ›Ich bin nicht‹ kann ja auch, abgesehen von seiner unmittelbaren Wortbedeutung, den Hauptton haben auf dem Gegensatz zu dem ›Ich bin‹, das der Christus fortan immer wieder im Johannesevangelium spricht. So daß Johannes – mag er es nun gewußt haben oder nicht – jedenfalls ganz von seinem Ich ablenkt auf das Ich, das jetzt in den Vordergrund tritt. Ich in meiner menschlichen Person will nichts anderes sein als die Stimme, die nach Christus ruft, für Christus ruft.« – Wenn bei Lukas (1_{17}) der verkündigende Engel zu Zacharias nur vom »Geiste und der Kraft des Elias« spricht, »in welcher« Johannes dem Herrn vorangehen soll, so könnte man das als uneigentlich-vergleichsweise gesprochen verstehen. Die direkte Identifizierung wird aber später durch den Christus selbst vollzogen. »Er ist Elias« (Matth. 11_{14}). Auffallend ist, daß dieser Aussage der Satz vorangeht: »Und wenn ihr es annehmen wollet.« So wird gerade diese Wiederverkörperungswahrheit mit einer gewissen Behutsamkeit ausgesprochen, mit einer gewissen zarten Rücksichtnahme auf die innere Freiheit der Hörenden, die nicht durch eine autoritative Konstatierung überwältigt werden soll. Die Jünger können mit diesem Ausspruch, den sie zunächst nur erst einmal zur Kenntnis genommen haben, eine Zeitlang leben, ohne sich voreilig in einem dogmatischen Sinne auf ein »Ja« oder »Nein« festlegen zu müssen. Erst später kommt der Augenblick, wo die in so freilassender Art vor die Jünger hingestellte Wahrheit in ihrer Seele »aufgeht«. Das ist beim Abstieg vom Verklärungsberg – »*da* begriffen die Jünger, daß er von Johannes dem Täufer zu ihnen gesprochen hatte« (17_{13}), auf ihre Frage nach Elias. Man kann den Eindruck haben, daß gerade an diesem einzigen großen Beispiel der Wiederverkörperung im Neuen Testament ein Paradigma gegeben ist für die Art, wie den Menschen in Zukunft im christlichen Sinne die Inhalte übersinnlicher Erkenntnis vermittelt wer-

---

[15] Fr. Rittelmeyer, »Wiederverkörperung«, S. 69.

den sollen. Nicht durch autoritatives Dogma, nicht durch Überredung, sondern durch freilassendes Hinstellen: »wenn ihr es annehmen wollet«.

In der gleichen Linie eines Appells an ein freiwilliges Aufmerken, an ein aus eigenen tieferen Kräften zu leistendes Erwägen liegt auch der Satz, den der Christus dem Elias-Johannes-Wort nachfolgen läßt: »*Wer Ohren hat zu hören, der höre*« (Matth. 11$_{15}$). Dieser Satz ist jedem Bibelleser geläufig, aber man macht sich nicht immer klar, wo er sich findet. Da ist es nicht ohne Bedeutung, daß er zum ersten Mal eben hier an der Stelle auftritt, wo der Christus das Elias-Johannes-Geheimnis offenbart. Dann bringt ihn Matthäus, der ja manche Zahlen-Anordnungen in seinem Evangelium hat, noch zweimal, so daß sich eine Dreiheit ergibt. Diese beiden anderen Stellen sind 13$_9$ und 13$_{43}$, also beide im Zusammenhang der großen matthäischen Gleichniskomposition (sieben »Gleichnisse am See«). 13$_9$ ist der Abschluß des Gleichnisses von den verschiedenartigen Schicksalen des Samenkornes auf verschiedenartigem Boden: Was auf die gute Erde fiel, das »trägt Frucht, 100-, 60- und 30fältig. Wer Ohren hat zu hören, der höre.« 13$_{43}$ ist der Abschluß der Deutung des Gleichnisses vom Unkraut unter dem Weizen. In der Vollendung (synteleia) des Äons »werden die Gerechten leuchten wie die Sonne in dem Königreich ihres Vaters. Wer Ohren hat zu hören, der höre.« Durch die Dreizahl treten diese Stellen innerhalb des Matthäusevangeliums in einen Zusammenhang ein: die Tatsache einer Wiederverkörperung, die Möglichkeit des Wachsens und Fruchttragens, die letztendliche Verklärung zu sonnenhafter Herrlichkeit.[16]

---

[16] Markus und Lukas haben die Formel nur am Ende des Sämann-Gleichnisses, und dann noch je einmal. Markus noch nach dem Wort: »Es ist nichts verborgen, das nicht zur Erscheinung kommen wird« (4$_{22}$). Lukas nach dem Wort von dem Salz, das dumpf werden kann (14$_{35}$). Alle diese Stellen haben ein gewisses apokalyptisches Element gemeinsam. Außer in den Evangelien ist die Formel bezeichnenderweise nur der Johannes-Apokalypse eigentümlich, siebenmal »Wer ein Ohr hat, der höre, was der Geist spricht zu den Gemeinden«, jeweils am Ende der sieben Sendschreiben (Kap. 2 und 3), sodann noch einmal 13$_9$ beim Auftreten des aus dem Meere steigenden Tieres: »Wer ein Ohr hat, der höre.«

Wird nicht auch, wenn auch indirekt, in der johanneischen Erzählung vom *Blindgeborenen* die Wiederverkörperung im Neuen Testament erwähnt? Die Frage der Jünger, ob »er« oder seine Eltern in diesem Fall gesündigt haben, woraufhin er nun strafweise blind geboren sei, scheint doch bei den Jüngern die Meinung vorauszusetzen, daß »er« eventuell selbst durch Sündigen in einem vorangegangenen Erdenleben die Ursache für sein Blindgeborenwerden geschaffen haben könnte. Hierbei muß man jedenfalls in Betracht ziehen, daß es damals auch jüdische Anschauungen gab, denen zufolge dieses frühere Sündigen in einem präexistenten seelischen Dasein hätte möglich sein können. Man dürfte aber aus der abweisenden Antwort des Christus »weder er noch seine Eltern...« (Joh. 9$_3$) nicht eine prinzipielle Verneinung der Wiederverkörperung heraushören. Verneint wird nur im Hinblick auf gerade diesen speziellen Fall, wo das nicht so stand. Die Möglichkeit, daß eigene Schuld bei einer Blindgeburt im Spiele sein könne, ist damit nicht im Prinzip ausgeschlossen. Die Antwort des Christus gibt jedenfalls einen wichtigen Beitrag zur Frage des Schicksalsgesetzes, des *»Karma«*. Gerade wie man heutzutage vielfach gleich an »Indien« denkt, wenn von Wiederverkörperung gesprochen wird, so ist man auch geneigt, den Begriff des Schicksalsgesetzes in seiner indischen Gestalt allein in Betracht zu ziehen. Wo immer von Wiederverkörperung die Rede ist, da schließt sich mit innerer Notwendigkeit der Gedanke an, daß die wiederholten Erdenleben miteinander in Beziehung stehen, daß da so etwas wie ein Zusammenhang von Ursache und Wirkung bestehen müsse. Der von Paulus zunächst als allgemein gültige Wahrheit ausgesprochene Satz »was der Mensch sät, das wird er ernten« (Gal. 6$_7$) spricht auch das Grundgesetz des Karma aus. Aber auch hier könnte eine außerchristliche Auffassungsweise dem Tatbestand nicht voll gerecht werden. Das Karma erschien wie ein automatischer Bestrafungsmechanismus. Unglück in dem einen Leben konnte nur unter dem Gesichtswinkel der »Strafe« für Sünde im vorigen Leben angesehen werden. Das ist aber nur die *eine* in Betracht kommende Möglichkeit. In diesem Sinne sagt der Christus zu dem am Teiche Bethesda Geheilten: »Siehe, du bist gesund geworden. Sündige nicht mehr, damit dir nicht

Schlimmeres widerfahre« (Joh. 5,14). Diese Gesetzmäßigkeit wurde von der alten Karmalehre mit Recht auch in den wiederholten Erdenleben wirksam gesehen. Es gibt aber ebenso das andere – und das wird von Rudolf Steiner stark betont –, daß eine Hemmung, ein Negatives in einem Erdenleben von der sich verkörpernden Seele ohne »Straf«-Notwendigkeit aufgesucht wird, um etwa gerade im Vorblick auf noch ferner liegendes Zukünftiges Kräfte durch Stauung anzusammeln oder durch Ankämpfen Überwinderkräfte zu entwickeln. Das wird gerade beim unverschuldeten Leiden der Fall sein können, während sich das verschuldete Leiden in der Sühne auslebt[17]. Diese Möglichkeit unverschuldeten Unglückes um eines künftigen Heiles willen sieht der Christus gegeben bei dem Blindgeborenen. »Weder er hat gesündigt, noch seine Eltern, sondern offenbar sollen werden die Werke des Gottes in ihm.« Beide Aspekte – Joh. 5,14 wie 9,3 – würden auch für die wiederholten Erdenleben gelten, sie würden da erst ihre volle Konkretheit gewinnen.

Es muß nun wohl auch noch ein Wort aus dem *Hebräerbrief* erwähnt werden, das oft unbesehen als Widerlegung der Wiederverkörperung aufgeführt wird: »Wie es dem Menschen gesetzt ist, *ein*mal zu sterben, danach das Gericht ...« (9,27). Der Text fährt fort: »So auch wird der Christus, *ein*mal geopfert um die Sünden vieler hinwegzutragen, ein zweites Mal geschaut werden ...« Der Hebräerbrief ist es, der immer wieder im Blick auf die Christus-Tat das Wort *ein*mal (hapax, bzw. ephapax) verwendet. Er will deutlich machen, daß für den Christus der Abstieg in die Todes-Region der »sarx« durch Golgatha ein für allemal vollbracht ist und daß die »Wiederkunft« ein unter ganz anderen Bedingungen vor sich gehendes Geist-Ereignis sein wird. Als Beispiel für etwas unwiderruflich entscheidendes Einmaliges bietet sich ihm das Erlebnis des Todes an, der das Leben des Erdenmenschen abschließt, als unwiderrufliches *ein*maliges Geschehen. Der Erdenmensch hat an der Einmaligkeit des Todes einen Erlebniszugang zu dem, was im höchsten Sinne in dem Christus-Ereignis die Qualität der Einmaligkeit ist. An wiederholte Erdenleben

---

[17] Vgl. S. 79.

wird hier im Hebräerbrief gewiß nicht gedacht, wie auch sonst im Neuen Testament. Der einmalige Tod, der das aktuelle Erdenleben mit Absolutheit beendet, wird als Vergleichspunkt herangezogen. Dieses Einmaligkeits-Erlebnis würde durch den Gedanken an Wiederverkörperung nicht tangiert werden. Als diese bestimmte einmalige Person stirbt man nur einmal. In einer nächsten Inkarnation würde die durchgehende ewige Individualität sich eine andere Person aufbauen, durch die sie »per-sonat«, »hindurchtönt«. Aber der Tod ist jeweils etwas *Ein*maliges. – »Danach das *Gericht*« – das wäre auch von der Wiederverkörperung aus zu bejahen. Auf das Sterben folgen ernsteste Prüfungs-Erlebnisse. An der Hebräerstelle heißt es übrigens im Urtext nicht »das« Gericht, sondern nur: »danach Gericht (Krisis)«. Es gibt für das Neue Testament ja auch die Vorstellung eines Jüngsten Gerichtes, die nicht ausschließt, daß »schon jetzt« jeweils nach dem Sterben »Gericht« erlebt wird. Gibt es doch auch schon während des Erdenlebens solche Momente, wo »Gericht« in tiefer Erschütterung erfahren werden kann. Als Petrus die Worte zu dem Christus sprach: »Herr, gehe hinaus von mir, ich bin ein sündiger Mann« (Luk. 5$_8$), war das für ihn Gericht. So enthält der Hebräerbrief-Satz nichts, was der Möglichkeit wiederholter Erdenleben im Wege stünde. – Aber wie steht es mit den übrigen eschatologischen Stellen des Neuen Testamentes? Wie nehmen sie sich aus, wenn man die wiederholten Erdenleben in das Bild einfügt?

Die Eschatologie der Ölberg-Rede und der Paulus-Apokalypse

In dem Kapitel »Zwischen Tod und Jüngstem Tag« haben wir uns um ein tieferes Verständnis der »Nah-Erwartung« bemüht. Durch das Oster-Ereignis war fernste Zukunft als ein »schon jetzt« aufgeblitzt. Zukunftsluft hatte in die Urchristenheit hereingeweht. Das brachte es mit sich, daß man den Geistesblick noch nicht auf die lange zeitliche Zwischenstrecke mit genügender Eindringlichkeit richten konnte, die den Ostertag vom Jüngsten Tag für die Menschheit auseinanderhält. So erwartete man in der Urchristenheit das Welt-Ende als in Bälde bevorstehend, trotz gewisser anderslautender Christus-Worte (S. 63/64). Solche Andeutungen einer langen Zwischenzeit wurden überhört, dagegen wurden Bilder, welche einer Geistes-Schau entstammten, auf die Ebene materieller Geschehnisse fälschlich bezogen und mißverstanden.

Die sogenannte *Ölberg-Apokalypse* beginnt damit, daß der Christus mit den Jüngern den Tempel verläßt und sich auf die Höhe des Ölberges begibt, wohl am Abend des großen Streitgespräch-Tages. Nach Westen blickend sieht er den Tempel in seiner ganzen Pracht gegenüber liegen. Die Jünger brechen angesichts dieser Baulichkeit in bewundernde Worte aus. Der Christus erschaut im prophetischen Vor-Gesicht die kommende Zerstörung, die ja im Jahre 70 furchtbare Wirklichkeit werden sollte. »Kein Stein wird auf dem anderen bleiben« (Matth. 24$_2$). Dieses Vor-Gesicht auf das Jahr 70 wird aber nun zum Ausgangspunkt einer viel weiter ausgreifenden Zukunfts-Schau, für welche die Zerstörung des Tempels nur die »Auslösung« ist. Dieses historische Ereignis vom Jahr 70 ist ganz und gar nicht im Sinne Lessings als »zufälliges Geschichts-Ereignis« anzusehen. Es gehört einer höheren Rangordnung von Begebenheiten an, welche »real-symbolischen« Charakter haben. Die Zerstörung des Tempels ist eine Geschichts-Rune. Der Tempel war für die Frommen der alten Zeit die Verkörperung des Wortes »Wie im Himmel, also auch auf Erden«. Im Alten Testament wird die Einrichtung der mosaischen »Stiftshütte«, die dem Tempelbau vorausging, nach Analogie des göttlichen Sechstagewerkes beschrieben[18], die »Vollendung« der Einrichtung wird mit den gleichen Worten ausgesprochen wie die Vollendung der Weltschöpfung (1. Mos. 1$_{31}$, 2$_1$, 2. Mos. 39$_{32, 43}$, 40$_{33}$). Die kultischen Gegenstände entsprechen den himmlischen Urbildern, die

---

[18] Vgl. R. Frieling, »Bibelstudien«, Stuttgart 1963: Der Bau der Stiftshütte und der Weltenbau, S. 41.

»auf dem Berge« von Gott dem Moses »gezeigt« wurden. Der Tempel war nicht nur ein Stück irdischer Topographie, er war ein Stück Himmel auf Erden, durch seine Einweihung dem bloß irdischen Dasein entnommen. Er war die Verbindungsstelle zwischen »Oben« und »Unten«. – Der Tempel in Jerusalem war in dieser Beziehung repräsentativ für das Tempel-Erlebnis der gesamten alten Menschheit. Vom Tempel strahlte alles aus, was Kultur und heilige Ordnung stiftete. Der Brand des Tempels von Ephesus im Jahre 356 v. Chr. war ein Schock apokalyptischer Art. Tempel-Zerstörung löste Weltuntergangs-Schrecken aus, ließ Welt-Katastrophen erahnen.

Das Ende des *Tempels in Jerusalem* ist die große Rune, die besagt, daß all das, was von göttlicher Ur-Offenbarung her das Erdendasein an himmlische Ordnungen gebunden hat, der Auflösung verfallen wird. All das, was von den religiösen Nachwirkungen ehemaliger Gottverbundenheit her dem Leben des Erdenmenschen Sinn und Halt gegeben hat, wird seine Kraft verlieren. Diese Entwickelung sehen wir ja im 20. Jahrhundert in steigendem Tempo vor sich gehen. Was sich durch lange Zeiten hindurch in dieser Art vollzieht, das drängt sich in die Bilder der Ölberg-Apokalypse zusammen, die auf menschheitliche und kosmische Katastrophen vorausschauen. Es ist eine Eigentümlichkeit des schauenden Bewußtseins, daß es ganze Ereignis-Reihen, die sich über lange Zeiten hin erstrecken, in der *»Verkürzung«* prophetischer Perspektive wahrnimmt. Daß die Ölberg-Schau gar nicht unbedingt im Sinne der »Nah-Erwartung« interpretiert werden muß, zeigen solche Worte wie das von den »Kairoi«, den Schicksalszeiten der »Heidenvölker«, die sich zwischen dem Tempel-Untergang und dem Welt-Ende erst noch erfüllen sollen (Luk. 21$_{24}$), oder wie die Weissagung, daß das Evangelium auf der ganzen bewohnten Erde noch verkündigt werden soll, bevor das Ende kommt (Matth. 24$_{14}$).

Der Wiederkunft geht voran das »Erscheinen des Zeichens des *Menschen-Sohnes* am Himmel« (Matth. 24$_{30}$). Der Himmel ist leer geworden, nachdem Sonne und Mond ihren Schein verloren haben und Sterne vom Himmel gefallen sind. Wiederum ist es nicht notwendig, an ein einmaliges Geschehen zu denken. Es ist in dieses Bild zusammengedrängt das allmähliche Ungeistig-Werden des menschlichen Weltbildes. »Sonne, Mond und Sterne« waren einstmals in ihrem Scheinen die Er-Scheinungen kosmischer Geistesmächte. Paulus spricht noch von der jeweils individuellen Ausstrahlung eines jeden Sternes, der seine eigene »Doxa«, seine spezifische »Aura« hat (1. Kor. 15$_{41}$). Im frommen Kontemplieren der Sterne wurde einstmals das Gewahrwerden der »himmlischen Heerscharen« ausgelöst, der Geister-Hierarchien in ihrer heiligen Ordnung. Sieht man den Materialismus in die Gestirnwelten hinein, mit erloschenem Geistesauge, dann verlieren Sonne und Mond ihren Schein und fallen die Sterne vom Himmel. Aber an Stelle der von der Vergangenheit, von der Schöpfung her getragenen Ur-Offenbarung tritt für die entgötterte Menschheit ein ganz neuer Zugang zum Göttlichen. Gerade indem »die Liebe der vielen erkaltet« (Matth. 24$_{12}$), die dem Menschen früher noch naturhaft zur Verfügung stehende Kraft des Liebens, wird der Sehnsuchtsruf nach »Menschlichkeit« laut, bekommt das Wort »Menschlichkeit« einen Klang, aus dem Entbehren heraus. Dadurch wird eine neue Wachheit für das Geheimnis des »Menschen« vorbereitet, wie es in dem Christus Jesus verkörpert war. In dem Kapitel »Die Weisheit vom Menschen« haben wir die Tatsache berührt, daß die bisherige Christenheit sich noch gar nicht recht zum Bewußtsein gebracht hat, wie tief das »Humanum«, das »Menschliche«, mit dem Christuswesen verbunden ist. Damit hängt zusammen, daß gerade die Bezeichnung, die der Christus Jesus am häufigsten auf sich selbst anwendet – »Sohn des Menschen« –, im theologischen Denken der christlichen Kirche gar nicht aufgegriffen worden ist. Man kann es ganz wörtlich verstehen: Der vom Göttlichen Herkommende geht in die Menschheit ein, bis hin zum Menschentode, aus dem er sich in neuer Gestalt erhebt, als der neue Gott, der die Wundmale trägt, den es im Himmel vorher nicht gab. Und zugleich als der wahre gottebenbildliche »Mensch«, dem die Dimension des Auferstehlichen und des Himmelfahrtlichen zugewachsen ist. Petrus spricht von den »Geburtswehen« des Christus-Todes (Apg. 2$_{24}$). Was da aus dem Tod heraus neu geboren ist, das konnte nur aus diesem völligen Eingang in das Erdenmenschen-Wesen hervorgehen – es ist im wahren Wortsinn »Sohn des Menschen«. Es ist die über alles »bisherige« Menschentum hinausführende Zukunftsgestalt, »der höheren Menschheit freudiges Beginnen« (Novalis). — An dem leergewordenen Himmel erscheint das »Zeichen«, die »Rune« des »Menschensohnes«, als ein neues zukunftskräftiges Ideal. Dann folgt diesem Stadium, dem noch eine gewisse Abstraktheit anhaftet, die eigentliche konkrete Schau, dann tritt der Christus selber vor die neu erwachenden Geistes-Augen der Menschheit. »Sie werden sehen den Menschensohn kommend mit den Wolken des Himmels, mit Macht (dynamis) und großem Offenbarungslicht (doxa).« Mit ihm kommen die Engel. In der Konsequenz des Christwerdens liegt ein neues Erwachen für die Geistesreiche der Hierarchien. Die Engel werden im Schall der »großen Posaune« die Auserwählten zusammenführen aus den vier Winden...« (Matth. 24$_{31}$). Engel-Führung wird den Menschen immer fühlbarer werden, gerade auch in der Art, wie Menschen »schicksalhaft« zusammentreffen. Die geistig Zusammengehörigen werden einander erkennen, aus welcher Weltenecke sie immer kommen mögen, über alle Schranken hinweg, die in alten Zeiten trennend waren.

Was da in die Bilder des Evangeliums hineinkonzentriert ist, das »geht auf« in ein räumlich wie zeitlich sich weit ausbreitendes Geschehen. Die Vorstellung wiederholter Erdenleben würde damit nicht in Konflikt geraten, sondern das Ganze in der Konkretheit seiner geschichtlichen Verwirklichung erst voll denkbar machen. —

Die Zusammendrängung weitläufiger Geschehnisketten in ein einziges Bild ist auch der Schlüssel zu der *Paulus-Apokalypse* (1. Thess. 4$_{13-17}$). Paulus geht aus von der Frage nach den Verstorbenen und ihrem Verhältnis zur Wiederkunft des Christus. Gott wird sie »mit Jesus führen«. Die »Entschlafenen«, die aus dem Erdenleib Herausgeschlafenen, haben ein lebensvolles Dasein, indem Gott sie in der anderen Welt Wege gehen läßt in Verbundenheit mit dem Christus, an dessen geistigem Wandeln sie als »Mitgeführte« teilnehmen. Die in Christo Verstorbenen nehmen auch Teil an dem Geschehen der Wiederkunft, und zwar noch *vor* den auf Erden Lebenden, so wie in Goethes Faust die Berggipfel »früh des ewigen Lichts genießen dürfen«, das sich später auch in die Täler heruntersenkt. Es beginnt mit dem »Keleusma« (4₁₆), von Luther mit »Feldgeschrei« übersetzt, eigentlich »Befehl«, wohl so etwas wie ein die Geisteswelten durchhallendes »Es ist an der Zeit«. Die »Stimme des Erzengels« wird vernommen, da ist wohl an Michael zu denken. In der Geistes-Schau der Anthroposophie spielt Michael eine wichtige Rolle. Seine Aufgabe erscheint da besonders als die Spiritualisierung der heute so entscheidend wichtigen, aber in erschreckend hohem Maße in den Materialismus hinein gefesselten Denk- und Willenskräfte. Er möchte die Intelligenz der Menschen an das Göttliche heranführen und dem Christus eine wahrhaft »mündig« gewordene Menschheit zubereiten.

Zur »Stimme des Erzengels« kommt hinzu die »Posaune Gottes«. Sie wird auch in der Ölberg-Apokalypse erwähnt (Matth. 24₃₁) – »die Engel mit der großen Posaune«. In der Johannes-Apokalypse entfaltet sich das Motiv zu dem siebenmaligen Posaunen-Blasen der Engel. Im Posaunen-Ton erlebte man den machtvollen durch und durch, wahrhaft durch Mark und Bein gehenden Weck-Ruf der geistigen Welt. »In« diesen drei Vorgängen – Losungswort, Erzengel-Stimme, Posaunenton – »steigt der Christus vom Himmel herab«.

Wir bemerkten an einer früheren Stelle (S. 38 f.), daß das Wort »Parousia« weniger auf ein Kommen als auf ein Gegenwärtigsein hindeutet. Der Auferstandene, der gesprochen hat: »Ich bin bei euch alle Tage«, ist gegenwärtig. Sein »Kommen« vollzieht sich auf dem Felde des menschlichen Bewußtseins, das zu diesem Tatbestand aufwacht, wodurch dieser erst wahrhaft beim Menschen »ankommt«. Diese prinzipielle Einsicht muß aber doch noch durch einen anderen Aspekt ergänzt werden: daß bei diesem Erwachen des Menschen auch der Christus, obwohl bereits gegenwärtig, eine Aktivität von seiner Seite aus entfaltet. Im 28. Matthäus-Kapitel beispielsweise wird berichtet, wie der Auferstandene bei den Jüngern auf dem Berge weilt, wie sie aber nicht alle bewußtseinsmäßig dem Erlebnis gewachsen sind. »Etliche aber zweifelten« (28₁₇). Darauf tut der sich manifestierende Christus von sich aus etwas Zusätzliches, um dem mangelhaften Wahrneh-

mungsvermögen entgegenzukommen. »Er trat an sie heran« (28,18), und nun kann er auch zu ihnen *sprechen*. – In ähnlicher Weise macht der sich offenbarende Auferstandene bei der Szene am See Tiberias eine solche »Bewegung auf die Jünger zu«. Diese johanneische Erzählung läßt durchblicken, daß es Helligkeitsgrade des übersinnlichen Bewußtseins gibt. Die Jünger schauen die Gestalt am Ufer, aber »sie wußten nicht, daß es Jesus sei« (21,4). Dem Lieblingsjünger leuchtet als erstem die Erkenntnis auf: »Es ist der Herr« (21,7). Ans Land gestiegen, halten sie mit dem Auferstandenen das Frühmahl. »Niemand wagte ihn zu fragen ›wer bist du?‹; denn sie wußten, daß es der Herr ist« (21,12). Es ist ein seltsamer Schwebezustand zwischen Nichtwissen und Doch-Wissen. Fr. Rittelmeyer sprach einmal von dem »Traum-Geruch« dieser wundersamen Szene. Da »kommt« Jesus und nimmt das Brot... (21,13). Wieso »kommt« er, da er doch mit den Jüngern am brennenden Kohlenfeuer zum Mahle beisammen ist? Wiederum haben wir in diesem »Kommen« wohl eine solche Bewegung von der Seite des Übersinnlichen her auf das unzureichende Erdenbewußtsein zu anzunehmen. – In dieser Weise ist auch bei der Wiederkunft eine Dynamik von seiten des Christus im Spiele, *eine Bewegung auf die Menschen zu*. Dadurch ist der mehr passive Aspekt zu ergänzen, der darin liegt, daß laut Luk. 17,30 die Wiederkunft der Tag ist, an welchem der Menschensohn »apokalyptetai«, »enthüllt«, »ent-deckt« wird. Daß er etwas von sich aus zu diesem Enthülltwerden hinzutut, ist bei Paulus mit dem »Herabsteigen vom Himmel« (1. Thess. 4,16) ausgesprochen.
Gleichwohl führt ihn dieser »Abstieg« nicht noch einmal in den unteren Bereich der »sarx«. Er betritt den materiellen Boden nicht ein zweites Mal, sein Herabsteigen ist ein liebevolles Entgegenkommen innerhalb der übersinnlichen Welt, die in sich selbst abgestuft ist. Paulus weiß zwischen einem ersten, zweiten und dritten Himmel aus eigener leibfreier Erfahrung zu unterscheiden (2. Kor. 12,2). In der buddhistischen Erzählung vom Hingange Buddhas wird ein Sich-auf-und-nieder-Bewegen zwischen den verschiedenen Stufenbereichen der höheren Welt wie mit Selbstverständlichkeit konkret geschildert. Aber auch im Neuen Testament sind solche Wahrheiten nicht unbekannt. Der

Hebräerbrief spricht von Christus als dem großen Hohen Priester, der »die Himmel durchschritten« hat (4_{14}). So kommt bei seiner Wiederkunft der Christus den Menschen sozusagen bis an den unteren Rand der übersinnlichen Welt entgegen, und die Folge ist, daß nunmehr die Menschen ihrerseits emporsteigen können zur »Begegnung« im Übersinnlichen. Bei seinem Absteigen durch die Geistessphären durchwandert der Christus auch die Region, wo die im Herrn Verstorbenen weilen – »und die Toten in Christo werden auferstehen zuerst«. »Danach werden wir, die auf der Erde lebend zurückgeblieben sind, zugleich mit ihnen emporgerissen werden in den Wolken zur Begegnung mit dem Herrn in die Luft, und so werden wir allezeit mit dem Herrn sein« (1. Thessal. $4_{16, 17}$). Die große Bewegung nimmt ihren Ausgang im Bereich der Verstorbenen, so wie zu Ostern das Karsamstag-Geschehen vorausgeht. Auch die Welt der Verstorbenen geht durch Metamorphosen. Was bei Paulus knapp zusammengedrängt ist, deutet auf eine künftige Phase in den Beziehungen zwischen Lebenden und Toten hin, wo die Trennung durch den Erdentod einem Zusammenleben höherer Art nicht mehr im Wege steht. »Wir zusammen mit ihnen«. Der Hinweis auf die »Wolken« stellt die Verbindung zur Himmelfahrt her. Damals verloren die auf Erden »Hinterbliebenen« den Emporsteigenden aus ihren Geistesaugen, er entschwand ihnen in die Wolken hinein. Jetzt schauen sie ihn nicht nur aus den Wolken heraus sich wieder offenbarend, sie werden selbst in ein höheres Dasein emporgehoben und finden sich, jetzt nicht mehr »Hinterbliebene«, mit den Verstorbenen zusammen. Die »Luft«, in welche die Erdenmenschen entrückt werden, ist Wahr-Bild für die Entschränktheit der neuen Daseinsweise, welche die Erdenschwere überwunden hat – die Gegenbewegung zum »Falle« Adams. Das Wort »harpazein«, das für die Entrückung ins Lüftereich gebraucht ist, deutet auf einen nicht undramatischen, nicht eben sanften Vorgang hin. Die Menschenseelen, die sich mit »klammernden Organen« in das materielle Dasein hineingelebt haben, werden den Todesmächten der Materie »entrissen« durch die erlösende Christuskraft.

Daß Paulus zumindest zu der Zeit, als er diesen 1. Thessalo-

nicherbrief schrieb, es für möglich hielt, daß sich diese eschatologischen Ereignisse noch zu seinen Lebzeiten abspielen könnten, ist nach dem uns vorliegenden Text wohl nicht zu bezweifeln. Auch er war durch sein Damaskus-Erlebnis aus der Zukunftswelt des Jüngsten Tages angestrahlt und angehaucht und dadurch in den Bann der »Nah-Erwartung« gezogen worden. Das bedeutet aber nicht, daß seine Thessalonicher-Apokalypse damit hinfällig würde. Die geschauten Bilder sind als solche richtig, wir müssen sie nur aus der Sphäre der »Imagination« in eine uns heute verständliche Gedankensprache übersetzen. Die »Imagination«, so läßt es uns die Anthroposophie verstehen, kommt nicht dadurch zustande, daß zuerst ein abstrakter Gedanke da ist, der dann mit pädagogischer Absicht in ein Bild eingekleidet wird. Auch nicht dadurch, daß bloß geträumt oder unverbindlich phantasiert wird. Goethe tastete nach der echten Imagination, wenn er von einer »exakten Phantasie« sprach. Das imaginative Bewußtsein er-findet nicht, es findet seine Schau-Bilder als spontane Erscheinungen vor. Sie dürfen nicht auf die materielle Ebene bezogen werden, das ergäbe absurde Phantastik. Aber es kann durch sie wie durch ein Fenster auf eine übersinnliche Wirklichkeit hindurchgeschaut werden, die sich offenbaren will. Bei der Übersetzung in das Alltagsbewußtsein können Irrtümer entstehen, so wenn Paulus die Verwirklichung jener Schau-Bilder in Bälde erwartete. Der Verlauf der Weltgeschichte hat inzwischen die »*Kurzschlüsse*« korrigiert, die damals in der Urchristenheit in verständlicher Weise eintreten konnten. Der grandiose Ausblick der Thessalonicher-Apokalypse bleibt dennoch zu Recht bestehen. Auch das, was über die künftige engere Gemeinschaft zwischen den Verstorbenen und den »Hinterbliebenen« gesagt ist, über die künftige Außerkraftsetzung jenes Trennungszustandes, den die Erdenmenschen als »Hinterbliebensein« kennen.
Zu dem für uns heute weltanschaulich notwendigen Auseinanderlegen jener umfassenden Inhalte, die in der eschatologischen Bild-Sprache wie in Keimpunkte hineinkonzentriert sind, gehört auch das Auseinanderhalten von »*Wiederkunft*« und »*Jüngstem Tag*«. In der Paulus-Apokalypse ist dieser Unterschied nicht gemacht, in der Ölberg-Apokalypse die eigentliche »Auferstehung«

nicht erwähnt. In der Apokalypse des Johannes wird das Erscheinen des Christus in der Wolke bereits im 14. Kapitel gebracht (14₁₄), während die letzte Überwindung des Todes beträchtlich später erst im 20. Kapitel (20₁₄) geschaut wird. Dazwischen noch im 19. Kapitel das Erscheinen des Christus in Gestalt des »Weißen Reiters«.

Im Lukasevangelium wird ein wichtiger Fingerzeig gegeben. Geradeso wie wir es dem Evangelisten Lukas verdanken, daß er uns den Satz von den »Kairoi der Heidenvölker« erhalten und damit der Ölberg-Apokalypse die zeitliche Weiträumigkeit bewahrt hat, hat er als einziger neutestamentlicher Autor den Satz von »den« – offenbar mehreren – »Tagen des Menschensohnes« überliefert. »Ihr werdet begehren, *einen der Tage* des Menschensohnes zu sehen...« (17₂₂). Sonst, auch bei Lukas, ist »der« Tag des Menschensohnes ein festgeprägter Ausdruck für den Zeitpunkt der Wiederkunft, wie in dem von uns zitierten Ausspruch: »der Tag, an dem der Menschensohn enthüllt wird« (apokalyptetai). Trotzdem heißt es 17₂₂: »Einer der Tage des Menschensohnes«. Gibt es mehrere »Wiederkünfte«?

Bei seinem ersten Kommen betrat der Christus den Boden der »sarx«. Er mußte einen materiellen Leib annehmen, um den nicht mehr in die Geisteswelten hineinschauenden Erdenmenschen »ans Gesicht zu reichen« (um einen Rilkeschen Ausdruck zu gebrauchen). In diesem sichtbaren Leib ging er durch den Tod von Golgatha. Mit der Himmelfahrt nahm er eine Daseinsweise an, die dem Erdenmenschen vorerst nicht zugänglich ist. Die Wiederkunft »so wie ihr ihn in der Wolke habt entschwinden sehen« bedeutet einen Fortschritt im Bewußtsein der Menschen. Der Wiederkehrende betritt den Erdboden nicht wieder, aber er wird in seiner übersinnlichen Gestalt schaubar. Wie einst Paulus bei Damaskus, so wird die Menschheit eine unmittelbare eigene Erfahrung gewinnen, daß der Christus geistig-konkret-personenhaft da ist. Es kommt zu einer zweiten »Begegnung« der Menschen mit dem Christus, aber diesmal auf einer höheren Ebene. Daß es diesmal möglich ist, die Begegnung im Übersinnlichen zu haben, ist bereits eine Auswirkung seiner Erlöser-Tat bei dem ersten Kommen im Fleische. Das Wort »Begegnung« finden wir im

Gleichnis von den zehn Jungfrauen (Matth. 25₆) und in der Thessalonicher-Apokalypse (4₁₇). Da der Christus nach der Darstellung des Paulus zu seiner Wiederkunft »herabsteigt«, aber ohne die Erde zu berühren, liegt es nahe zu denken, daß der Christus, wie wir sagten, »den Menschen bis an den unteren Rand der geistigen Welt« entgegenkommt, daß diese Wiederkunft sich nicht in den höheren, sondern im untersten der Himmel abspielt. Das wäre »ein« Tag des Menschensohnes. Die Anthroposophie spricht von einer Wiederkunft Christi »im Ätherischen«. Der Bereich der Lebens- und Bildekräfte ist die unterste Stufe der hier am nächsten an uns heranreichenden übersinnlichen Welt. Es ist der Menschheit zugedacht, daß sie für diese Welt immer mehr erwacht und in ihr dem lebendigen Christus von Angesicht zu Angesicht begegnet. In ferner Zukunft zeichnet sich dann, entsprechend den immer stärker werdenden übersinnlichen Möglichkeiten der Menschen, eine Begegnung auf noch höherer Ebene ab, in der Geistes-Region, in der das Seelische, das »Astralische« beheimatet ist. Und schließlich in noch fernerer Zukunft eine Begegnung des dann voll erwachten wahren menschlichen Ich mit dem Ich des Christus, abermals eine Stufe höher. So könnte sich das bei Lukas so vereinzelt stehende Wort von den mehreren Tagen des Menschensohnes mit konkretem Leben erfüllen. – Jedenfalls gibt dieses Lukaswort einen wichtigen Hinweis auf eine viel größere zeitliche Weiträumigkeit des eschatologischen Bildes im Neuen Testament, als es die fälschlich »wörtlich« genommenen Schauungen zunächst ahnen lassen.

Mit dieser Erweiterung des Weltbildes wird auch die Wiederverkörperung, die den Menschen durch die großen Werde-Phasen selber hindurchschreiten und an den immer wacheren und innigeren Begegnungen mit dem Christus teilhaben läßt, immer einleuchtender.

Die am meisten ausgeführte Eschatologie ist in der Apokalypse des Johannes enthalten.

Menschheitliche Entwickelungen in der Johannes-Apokalypse

Es sei jetzt ein Überblick über die Johannes-Apokalypse versucht, von dem Gesichtspunkt aus, daß sie ein *Fortschreiten der christlichen Menschheit* darstellt. Es vollzieht sich in einem fortwährenden Wechsel der beiden Schauplätze *Erde* und *Himmel*. Die Christenheit, einerseits verkörpert auf Erden, andererseits entkörpert in der oberen Welt, entwickelt sich immer mehr zu einem bedeutsam mitwirkenden Faktor im eschatologischen Drama. Am Schluß durchdringen obere und untere Welt einander. Eine »Neue Erde«, erneuert durch die Einschläge von oben her, findet sich mit einem »Neuen Himmel« zusammen, der seinerseits vom christlichen Erdgeschehen aus eine Verjüngung erfahren hat. Aus dieser gegenseitigen Durchdringung geht das Neue Jerusalem hervor, das sowohl »Himmel« als auch »Erde« ist. Das Himmel und Erde verbindende Christus-Mysterium ist in der heranreifenden christlichen Menschheit mächtig geworden. Die Johannes-Apokalypse zeigt dieses Heranreifen in der Folge ihrer Schauungen. Aus dem Überblick heraus kommen wir dann nochmals auf die Wiederverkörperung zurück.

*

Der Auferstandene erscheint dem Johannes auf Patmos und übergibt ihm die Botschaften an die sieben Gemeinden. In diesen *sieben Gemeinden* ist das Spektrum der auf *Erden* lebenden Christenheit ausgebreitet, mit verschiedenen Nuancen des Strebens und Leidens, des Versagens und des Leistens, mit jeweils charakteristischer Verschiedenheit der Zielsetzung. Die großen End-Ziele leuchten bereits in die Verheißungen herein, bis hin zum Himmelfahrts-Erlebnis des Sitzens auf dem Throne (3$_{21}$).
Dieses letzte Bildwort vom »Throne« – »wer überwindet, dem werde ich es verleihen zu sitzen mit mir auf meinem Throne, gleichwie ich überwunden habe und habe mich gesetzt mit meinem Vater auf seinem Throne« – löst die große Schau der Kapi-

tel 4 und 5 aus, in deren Mitte der göttliche Thron steht. Johannes ist in die *obere Welt* entrückt. »Steige hier herauf!« (4₁). Er wird Zeuge des urewigen »Sanctus«, das dort ertönt, und er wird Zeuge des neuen Einschlages, der durch die Tat von Golgatha in diese Ewigkeitswelt hereinkommt. Das geopferte »Lamm« trägt diese seine Tat vor den Thron des Vaters hin. Das findet sein Echo in dem *»Neuen Lied«*, das jetzt die erhabenen Wesenheiten des innersten Kreises anstimmen und das zu dem urewigen »Sanctus« hinzuerklingt. Es sind die vier cherubinischen »Lebewesen« und die vierundzwanzig Ältesten, die das »Neue Lied« als anbetendes Erkenntnis-Echo zuerst ertönen lassen, das sich dann in weiteren konzentrischen Kreisen in dem Lobpreis der Engelscharen und der kreatürlichen Elementarwesen fortsetzt. In dem »Neuen Lied«, wie es im innersten Kreis um den Thron seinen Ausgang nimmt, ist ein Ingrediens mitenthalten, das von der *Erdenmenschheit* herkommt, in deren Mitte das Opfer des Lammes stattgefunden hat – die *»Gebete der Heiligen«* (5₈). Noch nicht können die dem Christus ergebenen Erdenmenschen in dieses Lied selber einstimmen, aber es dringen Regungen aus ihren Seelen empor, die in der oberen Welt aufgenommen werden können und als Weihrauch anschaubar werden, der aus den goldenen Opferschalen der »Ältesten« mit dem »Neuen Lied« emporsteigt.

*

Die »Gebete der Heiligen« dringen von der auf *Erden* lebenden Christenheit herauf. Nachdem die Eröffnung der »Siegel« in Gang gekommen ist, erscheinen christliche Menschen, die durch den Märtyrertod gegangen sind, nun selber in der *oberen Welt*. Der Seher schaut sie unter dem himmlischen Opferaltar (6₉). Es ist bemerkenswert, daß für sie das Wort »Psychai« gebraucht wird, »Seelen«, die also auch im entkörperten Zustand nach dem Tode ein selbständiges bewußtes Dasein haben. Es ist das erste Mal, daß christliche Seelen im Jenseits von Johannes wahrgenommen werden. Im Vergleich zu dem, was im späteren Verlauf der Apokalypse von ihnen ausgesagt werden wird, liegt über diesem ersten Auftreten noch eine gewisse Befangenheit und Verhalten-

heit, etwas *»Anfängliches«*. Sie sind noch nicht voll befriedigt in ihrer neuen Daseinsform, das kommt darin zum Ausdruck, daß sie in einer Frage leben, die mit »großer Stimme« aus ihrem Inneren aufsteigt: »Wie lange noch?« Ihre Frage ist von Johannes in alttestamentlich klingenden Worten wiedergegeben. Das kann ja oft in der Apokalypse beobachtet werden, daß Johannes mit einer gewissen Pietät den Zusammenhang mit früheren apokalyptischen »Schulen« pflegt und sich gelegentlich altheiliger vorgeprägter Wendungen bedient, in die er aber den neuen christlichen Inhalt hineingießt. »Wie lange richtest du nicht und rächest du nicht unser Blut an denen, die auf Erden wohnen?« »Rächen« – »ek-dikein«, im Sinne der Gerechtigkeit entsprechende Folgen eintreten lassen, nach dem Schicksalsgesetz von Saat und Ernte. Das Gesetz von Saat und Ernte, von Tat und Folge, gilt auch im Falle des Christus-Todes. Aber seinen besonderen Voraussetzungen nach hat dieser Tod erlösende Folgen. Die christlichen Märtyrer sind auf dem Wege, in ihrem Opfertod etwas von der Kraft des Christustodes aufleben zu lassen. Was in der alttestamentlich geprägten Formulierung wie ein Schrei nach Rache klingt, ist im christlichen Verständnis die Frage nach der Sinn-Erfüllung, nach der Opfer-Frucht. Die Leiden der Märtyrer scheinen sich in die Welt hinein zu verlieren – ist da keine Auswirkung zu sehen?
Die göttliche Antwort auf das »Wie lange...« weist auf ein *»Noch nicht«* hin. Sie sollen einstweilen »ruhen«, bis vollzählig werden ihre Mitknechte und Brüder, denen es noch bevorsteht, getötet zu werden gleich wie sie. Die einzige und einzigartige Tat von Golgatha bedarf einer Antwort von seiten der Menschheit, soll sie voll fruchtbar werden. Die göttliche Vorsehung hat es so weise eingerichtet, daß die Erlösungstat, die von der Erdenmenschheit selber nicht, sondern nur von einem göttlichen Wesen in Gnade vollbracht werden konnte, doch nun die zu Erlösenden nicht zur bloßen Passivität verurteilt. Man hat in der Wirtschaftspolitik, wo es sich um Unterstützung handelt, den Begriff der »konstruktiven Hilfe« (constructive aid) gebildet, wobei der zu Unterstützende nicht in Versuchung gebracht werden soll, lässig zu werden, sondern wobei er durch die Art, wie geholfen wird, erst recht dazu kommt, die eigene Aktivität miteinzusetzen.

Die Erlösungstat des Christus ist in einem höchsten Sinne eine »konstruktive Hilfe«. Paulus konnte das kühne Wort aussprechen: »Ich bringe zur Erfüllung, was der Christus in seinen Passions-Bedrängnissen zu leiden übriggelassen hat« (Kol. 1,24). Der Mensch, der die Erlösungstat innerlich annimmt, kann nicht anders, als zugleich aktiv in ihren Mitvollzug einzusteigen, so daß sich das Christus-Opfer in ihm wesenhaft neu belebt. – Die fragenden Märtyrer werden darauf verwiesen, daß in dieser Art noch nicht die von der Menschheit zu erbringende Antwort auf Golgatha in dem von der Vorsehung für hinreichend erachteten Maße Wirklichkeit geworden ist. Die göttliche »Ökonomie« rechnet mit einem noch größeren Leidens-Beitrag der Menschheit, zur vollen Fruchtbarmachung des Christus-Opfers. So finden sich die Seelen der Märtyrer in weiterreichende göttliche Sinn-Zusammenhänge eingeordnet. Einstweilen sollen sie »eine kleine Zeit ruhen«. Sie dürfen das Furchtbare, das sie auf der Erde erlebt haben, erst einmal ausvibrieren und verklingen lassen, sie dürfen tief aufatmen in einer göttlichen Ruhewelt. – Daß ihnen auf ihr Fragen diese Antwort wird, geschieht im Zusammenhang mit einer Weiter-Entwickelung ihres nachtodlichen Daseins, in der Auswirkung ihres Märtyrertodes. »Es wurde ihnen, einem jeden einzelnen, ein weißes Gewand gegeben« (6,11). An Stelle des nicht mehr vorhandenen irdischen Leibes wird den entkörperten Seelen, indem sie in der Ruhe der höheren Welt das Grauen des Erlittenen abklingen lassen und die Fragepein sich von ihnen löst, eine übersinnliche Hülle als neues »Organ« zuteil, mit dem sie »überkleidet werden« (2. Kor. 5,4). Dem Verlust nach unten hin entspricht ein Gewinn von oben her, sie werden zu bewußteren und aktionsfähigeren Bürgern der höheren Welt, indem ihnen ein solcher feiner, aus Licht gewobener Organismus zuwächst, der aber noch nicht identisch ist mit dem Auferstehungsleib.

*

In der Pause zwischen dem 6. und 7. Siegel werden die 144 000 »versiegelt«. Wir sind wiederum auf dem *irdischen* Schauplatz. Die genannte Zahl ist selbstverständlich nicht eine statistisch addierte Summe. Sie wird im Geiste »gehört« (7₄), als göttlich ordnende Klangfigur. Erst die Vollzahl aller Sternen-Nuancen möglichen Menschseins ergibt den großen »Menschheits-Menschen«, die Symphonie des Menschengeschlechtes. An Stelle des nach der Sternen-Ordnung zwölfgegliederten alttestamentlichen Volkes erscheint das Gottesvolk der Christenheit. Es steht auf Erden in den katastrophalen apokalyptischen Stürmen darin, die mit der Siegel-Eröffnung eingesetzt haben. Aber die Versiegelung vollzieht sich in einem Moment der »Wind-Stille«. Die Vorsehung findet die Möglichkeit solcher Momente tiefster göttlicher Ruhe inmitten der sich jagenden Unheils-Ereignisse. In dieser Windstille sieht Johannes einen Engel vom Sonnenaufgang her aufsteigen – es ist gleichsam ein österlicher Engel, der mit dem Siegel des lebendigen Gottes die 144 000 an den Stirnen versiegelt. Die Christenheit auf Erden ist dazu vorgeschritten, daß ihr das Christus-Wesenhafte bis ins Leibliche hinein wie ein »character indelebilis« eingeprägt werden kann.

Die »*Versiegelung*« markiert eine Etappe der Entwickelung zum Auferstehungsleibe hin. In der Rede über das »Brot des Lebens« im 6. Johanneskapitel wendet der Christus das Bild der Versiegelung auf sich selber an. Er wird die nicht vergängliche, sondern ewige Speise darreichen, weil der »Vatergott den Menschensohn versiegelt hat« (6₂₇). Die Speisung mit der Ewigkeits-Nahrung gehört da noch der Zukunft an – »welche der Menschensohn euch geben wird«, *nach* dem vollbrachten Mysterium von Golgatha, das in dieses galiläische Passah am See prophetisch hereinscheint. Aber der Christus wird im Jahr darauf den Tod überwinden und den Menschen die Nahrung geben können, die den Auferstehungsleib aufbaut, weil er bis in seine Leiblichkeit hinein das Geistgeprägte der »Versiegelung« trägt. Die Schau des Apokalyptikers zeigt, wie die Versiegelung als Vorbereitung der Auferstehung am Jüngsten Tag bei den Christus-ergebenen Menschen zu wirken beginnt.

*

Auf die Versiegelung der auf Erden lebenden Christen folgt eine Schau, die abermals die Christen im *Jenseits* zeigt, als »unzählbare Schar aus allen Rassen und Völkern« (7,9). Wenn auch diese Schau sich unmittelbar an die vorangegangene anschließt, so macht sich doch dem Seher bemerkbar, daß die beiden Bilder sich auf zeitlich Auseinanderliegendes beziehen. »Nach diesem« (7,9). »Meta tauta« – »diesem« ist ein Plural. Zu Beginn des Kapitels steht auch »Nach diesem«, aber im Griechischen ist es da ein Singular (»meta touto«). »Die meta tauta-Formel kennzeichnet größere zeitliche Abstände.«[19] Es mag also zwischen den beiden Schauungen hinter den Kulissen der Visionen sich vieles ereignet haben, was zu der »großen Bedrängnis« (7,14) gehört. Es mögen die während ihres irdischen Christseins Versiegelten inzwischen den Tod erlitten und den Übergang in die andere Welt erlebt haben. Der Eindruck des »Unzählbaren« macht noch einmal deutlich, daß die 144 000 keine statistische Quantität gemeint hat.

Gegenüber der ersten Märtyrer-Schau ist eine Veränderung nicht zu übersehen. Das »weiße Kleid« wird nicht erst im Laufe der nachtodlichen Erlebnisse gegeben, sondern die jetzt Erscheinenden haben schon in ihrem christlichen Erdendasein durch ihr intensives Leben mit Christus ihre feinere Hüllen-Natur *»gewaschen«* und sie »leuchtend hell gemacht (leukainein) im Blute des Lammes« (7,14). Sie haben schon auf Erden ihre »aurische Ausstrahlung« gereinigt und durch die Kraft des Christusblutes den feinen Lichtorganismus gebildet, der nun nach dem Tode in der höheren Welt hervortritt. Sie »tragen Palmen in ihren Händen«, und an Stelle der gequälten Frage »Wie lange noch?« stimmen sie den großen festlichen Hymnus an: »Das Heil (›soteria‹, die große Welt-Errettung) unserem Gotte ... und dem Lamme« (7,10). Der *Dativ* ist wichtig, »unserem Gotte«. Die Welt-Errettung hat ihren Ausgang genommen von Gott her. Indem der Vater den Christus sandte, sprach er gewissermaßen: »das Heil den Menschen!« Nun hat die »soteria«, das große Heil, auf Erden Fuß gefaßt, ist bei

---

[19] Christoph Rau, »Struktur und Rhythmus im Johannesevangelium«, Verlag Urachhaus Stuttgart 1972, S. 47. Er führt dort S. 44—47 aus, wie das »meta tauta« bzw. »meta touto« im Johannesevangelium eine wichtige Rolle spielt.

den Menschen »angekommen«. Jetzt strahlt sie aus den durchchristeten Menschen als Dank von Unten nach Oben in die Gotteswelt zurück. Die verstorbenen Christen bringen etwas in die obere Welt mit hinauf, das dort oben eine Bedeutung haben darf. – Von den Menschen greift der Lobpreis dann auf die Engel über (7_{12}), die über die Erdenmenschen mit der nicht im Himmel, sondern auf Erden vollbrachten Erlösungstat den Kontakt gewinnen (vgl. 1. Petr. 1_{12}).

Die Verstorbenen dürfen in der oberen Welt *tätig werden*. Sie tun »Tempeldienst«. Ein wiederum andersartiges Bild ergänzt diesen Aspekt: Sie wandern in der oberen Welt auf Wegen, die das Lamm sie führt zu den Lebensquellen hin. Wie für die antike Welt Hermes der Psychopompos, der Seelengeleiter nach dem Tode war, so hier der Christus, der sie in Entwickelungen geleitet, wodurch sie in einer Art Bergwanderung den Ursprungs-Orten des Lebens näherkommen. »Führen«, im Griechischen »hodegein«, also »Wege« führen. – Jetzt kann die innerliche Versöhnung mit den überstandenen irdischen Furchtbarkeiten eintreten – in dem wunderbar einfach-innigen Bilde, daß Gott die Tränen aus ihren Augen wegwischt.

Unmittelbar darauf werden wir wieder an die *auf Erden* befindliche Christenheit erinnert. Abermals werden oben im Himmel die emporsteigenden »*Gebete der Heiligen*« wahrnehmbar. Die Engel nehmen sich dieser ihren Weg nach oben findenden frommen Regungen an, sie »machen etwas daraus«, indem sie den »Weihrauch dazu geben«, sie durchsetzen sie gleichsam mit zusätzlicher Substantialität. Das Emporsteigende löst eine Antwort von oben nach unten aus, Feuer vom himmlischen Altar kann auf die Erde geworfen werden (8_5).

Die im Erklingen der Posaunen hereinbrechenden Katastrophen zerstören fortschreitend die irdische Umwelt, auch die Menschen selber werden immer stärker betroffen. Ehe die 7. Posaune ertönt, soll der Seher mit einem »Maßstab den Tempel Gottes messen, und den Opferaltar und die daselbst Anbetenden« (11_1). Der Vorhof wird preisgegeben, die heilige Stadt von den Heiden zertreten. – Wir sind *auf der Erde*. Nicht der himmlische Tempel und Altar ist gemeint. Auch nicht ohne weiteres Jerusalem, obwohl bei dem »Zertrampeltwerden der heiligen Stadt« die Zerstörung Jerusalems das Bild geliefert haben mag.

Das Gesetz *»es wird sein und ist schon jetzt«* gilt auch hier. Am Schluß der Apokalypse wird die heilige Stadt als himmlisches Jerusalem vom Himmel herabsteigen, scheinbar unvermittelt, unvorbereitet durch irgendwelche Vor-Entwickelungen. Und doch sind diese in der Apokalypse durchaus vorhanden. Was in der alten Welt einmal »heilige Stadt« war, ist rettungslos der Profanierung preisgegeben. Aber inmitten aller Zerstörung der von der Vergangenheit her noch vorhandenen Werte keimt durch die Christustat im Erdenmenschen-Bereich eine neue transsubstantiierte Welt. Der mittelalterliche Gralsucher suchte letzten Endes nicht eine geographisch lokalisierte Burg, sondern jene keimende österliche unsichtbare Erdenwelt. So sieht Johannes inmitten aller Vernichtung den »Tempel« mit der »Opferstätte«. Daß es sich nicht um Äußerliches handelt, wird vollends dadurch klar, daß er mit dem ihm gegebenen Maßstab, wenn es auch noch nicht der »goldene Maßstab« ist, mit dem er später das himmlische Jerusalem ausmessen soll (21$_{15}$), auch die daselbst Anbetenden »messen« soll. Auf dem Wege zum Endziel ist das sozusagen eine »Zwischenbilanz«, ein Bewußtmachen, wie weit sich die keimende Zukunft schon entwickelt hat.

Im Anschluß daran treten die »zwei Zeugen« auf. Sie sind deutlich als Moses und Elias charakterisiert, in irdischer *Wiederverkörperung*. Sie sind »in Säcke gekleidet« (11$_3$). Die Vertreter des Göttlichen treten inmitten der katastrophalen Begebenheiten in äußerer Unscheinbarkeit auf, aber sie wirken mit außerordentlicher Geistesmacht, bis sie dem »Tier aus dem Abgrund« erliegen. Dieses, so heißt es ausdrücklich, »wird sie besiegen« (11$_7$). Die Entwickelung in ihrer wirklichen Gestalt ist kein ungebrochenes Geradeaus und Vorwärts, wie es sich naiver Optimismus vorstellen mag. Sie ist eine Bewegung, die durch immer wieder sich einstellende Hemmungen, Rückschläge, Rückschritte allmählich dennoch vorankommt. In allen geistigen Entwickelungen haben gerade solche Negativitäten ihre vertiefende Bedeutung. Das Wort *»siegen«* gehört zu den Grundworten der Apokalypse. Jedes der sieben Sendschreiben endet mit der Verheißung für den, der »siegt«, der »überwindet«. Der Mensch kann sein Ziel nur erreichen, wenn er eine in allem Ernst bestehende negative Möglichkeit seiner Wesensgestaltung bewußt außer Kraft setzt; das hängt wohl mit dem Geheimnis der Freiheit zusammen. Zu diesem »Sieg« führt der innere Weg auch durch Erfahrungen des »Besiegtwerdens«. Gerade dadurch reift der Mensch dem endgültigen Sieg entgegen. Die beiden Zeugen werden besiegt, sie werden getötet in der »großen Stadt, die da geistlich heißt Sodom und Ägypten, wo auch ihr Herr gekreuzigt wurde« (11,8). Wie das himmlische Jerusalem seine Vorstufen hat, so auch das dem Abgrund verfallende »Babylon«, der Inbegriff alles Erdenmenschentums, das die Beziehung zur höheren Welt verloren hat und weiterhin verloren haben will. In dieser großen Stadt einer geist- und gottverlassenen, nur materialistischen Zivilisation ist der Christus gleichsam in Permanenz gekreuzigt. – Aber dem Tod der beiden Zeugen folgt ein oster- und himmelfahrtartiges Geschehen. Eine *Auferstehung* im Leibe ereignet sich, sie setzt sich fort in einem »*Emporsteigen* in der Wolke« (11,11. 12). Beides, so wird ausdrücklich gesagt, wird von den gegnerisch eingestellten Menschen »gesehen«. Auferstehung und Himmelfahrt des Christus waren objektive Ereignisse, aber geschaut wurde damals nur aus den Augen derer, welche die innerlichen Voraussetzungen dafür mitbrachten. Nichts davon schauten Kaiphas und Pilatus. Das 11. Apokalypse-Kapitel weist auf eine Zukunft hin, in der die Wirklichkeit des Übersinnlichen immer stärker an die Bewußtseinstore der Menschen anklopft und sich sogar auch denen bemerkbar macht, die nichts von ihr wissen wollen. Daß es sich bei dieser Auferstehung und Himmelfahrt nicht um grobmaterielle Vorgänge handelt, deutet die Apokalypse dadurch an, daß zwei verschiedene Worte für das »Sehen« gebraucht werden. Die Menschen »sehen« die Leichname der zwei Zeugen – da steht »blepein« (11,9). Es ist ein gewöhnliches Erblicken. Bei der Auferstehung (11,11) und noch einmal bei der Himmelfahrt (11,12) wird für das Gewahrwerden beidemal »theorein« gebraucht, das einen stärkeren geistigen Einschlag hat. – Wie am Ostermorgen, so auch hier das »*große Erdbeben*«. Die Transsubstantiation eines Erdenleibes, der mit der Erde in Verbindung ist, läßt auf sympa-

thetische Art die Erde mitvibrieren. »Das Sterbliche dröhnt in seinen Grundfesten« (Novalis).
Hier handelt es sich nicht nur um ein Aktiv-Werden der verstorbenen Seelen in der oberen Welt, sondern um etwas, das auf dem Wege zwischen der österlichen Auferstehung und dem Jüngsten Tage gelegen ist, um es behutsam auszudrücken: um Auferstehliches und Himmelfahrtliches. Auch hier gibt es *Vorstufen*. Als ein Vor-Ereignis solcher Art in uralter Vergangenheit, *vor Golgatha*, noch aus nachgebliebenen Urbeginns- und Paradieseskräften vollbracht, hat man die mysteriöse wortkarge Genesis-Stelle 5_{24} verstanden, die von Henoch, dem siebten Patriarchen nach Adam, sagt, daß er mit Gott wandelte und entrückt wurde und nicht mehr auf Erden war. In diesem ahnungsvollen Dämmerlicht wäre vielleicht auch der geheimnisvolle Bericht in der Matthäuspassion von ferne verstehbar, daß im Zusammenhang mit Karfreitag und Ostern »viele Leiber der *entschlafenen Heiligen* auferweckt wurden. Hervorgehend aus den Gräbern nach Seiner Auferweckung gingen sie hinein in die heilige Stadt und erschienen vielen« ($27_{52.53}$). Das Zustandekommen des Auferstehungsleibes, auch wenn er nach Paulus am Jüngsten Tage in einem zeitlich nicht ausgedehnten Augenblick ins Dasein treten soll (1. Kor. 15_{52}), ist doch auch wieder nur der Endpunkt einer langen Entwickelungslinie. Schon die vorchristlichen »Heiligen« haben in ersten Anfängen damit begonnen, nicht nur ihre feinere Hüllennatur, sondern auch den Erdenleib vom Geistigen her leise zu verwandeln, ihm etwas »abzuvergeistigen«. Diese schon vor Christus begonnene Umwandlungsarbeit würde ohne das Christus-Ereignis ein Torso bleiben müssen. Durch dasselbe aber wird dieses anfängliche »Auferstehliche« gleichsam bestätigt und be-kräftigt. Das Eingehen dieser auferweckten Heiligen »in die Heilige Stadt«, wie in den Evangelien Jerusalem nur noch einmal genannt wird (Matth. 4_5), ließe dann noch den verborgenen Sinn ahnen, daß mit jeder Vergeistigung irdischer Leiblichkeit bereits das Kraftfeld des Himmlischen Jerusalem betreten wird.
Die langdauernde Entwöhnung des christlich-theologischen Denkens von einem konkreten spirituellen »Realismus« hat es mit sich gebracht, daß man in viel zu starren Begriffen denkt und zu

rasch bei einem Entweder-Oder ankommt. Wenn der Auferstehungsleib des Erdenmenschen erst am Jüngsten Tage voll da sein soll, so muß das nicht ausschließen, daß es Vor-Geschehnisse geben kann, die noch nicht mit dem Endgültigen identisch sind, aber auf dem Wege dahin liegen.

*

Nach dem Ertönen der siebenten Posaune wird, genau in der Mitte des apokalyptischen Buches, der Name *Michael* genannt (12$_7$). »Der Krieg im Himmel« zwischen Michael und seinen Engeln einerseits und dem Drachen und seinen Engeln andererseits endet mit dem Sturz des Drachen auf die Erde. Dieser »Krieg« ist ein Vorgang in den *übersinnlichen* Sphären. Von den Menschen, verkörpert oder entkörpert, ist in der bildhaften Schilderung nichts zu bemerken. Erst in dem großen Siegeshymnus, den darauf der Apokalyptiker als gewaltige Inspiration vernimmt (12$_{10}$), wird das Geheimnis gelüftet, daß auch bei diesem himmlischen Geschehen der *Mensch* ein mitwirkender, sogar sehr wichtiger Faktor war. Der Hymnus beginnt mit den Worten: »Jetzt ist das Heil und die dynamis und die Königsherrschaft unseres Gottes geworden, und die Schöpfervollmacht (exousia) seines Christus.« Damit wird der Hymnus der verstorbenen Christen: »Das Heil unserem Gotte und dem Lamme« (7$_{10}$) wieder aufgegriffen. Das Wort »Heil« – »soteria«, die große Errettung – kommt sonst in der Apokalypse nirgends vor, nur noch ein drittes letztes Mal am Schluß im 19. Kapitel (19$_1$). Hat man, wie es zum Verständnis unerläßlich ist, die Apokalypse als Ganzes vor sich, so springt ins Auge, daß diese drei Stellen, wo die »soteria« genannt ist, miteinander eine Figur bilden. In 7$_{10}$ bemerkten wir den bedeutsamen »Dativ« – unserem Gotte, dem Lamme –, wodurch gesagt ist, daß die von den Menschen aufgenommene »soteria« nun von seiten der Menschen als ein großer Dank zur Gottheit, als eine Darbringung zurückstrahlt. In 12$_{10}$ steht nicht mehr der Dativ, sondern der Genitiv. Das Heil »wird des Gottes und des Lammes«. Die Darbringung ist oben angekommen, sie ist nun der höheren Welt übereignet worden. – Es liegt ein Kurzschluß vor, wenn man meint, der Mensch habe Gott nichts zu geben, wo doch alles Gottes Eigentum sei; der *Opfergedanke* sei deshalb ein primitiver Irrtum. Gewiß, von Haus aus, vom Ursprung her ist alles »Gottes«. Aber um den Menschen in seiner ihm zugedachten Freiheit wahrhaft gottebenbildlich entstehen zu lassen, hat die Gottheit dem Menschen einen Frei-Raum eingeräumt, wie schon der Psalm sagt: »Der Himmel allenthalben ist des Herrn, aber die Erde hat er den Menschensöhnen gegeben« (115_{16}). »Gib mir, mein Sohn, dein Herz« (Spr. 23_{26}), so könnte der Fromme auch den Gott zum Menschen sprechen hören. Aber der Mensch kann sein Herz auch dem Gott vorenthalten. Er hat in seiner irdischen Emanzipiertheit die Möglichkeit, Eigentum-Entfremdung gegenüber der Gottheit zu betreiben. Als Opfernder erkennt er den Sachverhalt und bemüht sich, in freier Tat dem Gotte sein entfremdetes Eigentum wieder zurückzuerstatten. Es ist nicht unfromme Überheblichkeit, wenn man sagt, daß der Mensch dem Gott etwas zu geben hat – Gott hat geruht, es so einzurichten, in Liebe zu unserer keimenden Freiheit. Im Anschluß an das Christusopfer, das in den Menschen zum Leben kommt, vollbringt die Christenheit ihren Opferdienst. Die drei soteria-Stellen repräsentieren drei Stadien: 7_{10} die Darbringung (Dativ!), 12_{10} das Angekommensein jener Darbringung in einem großen Moment des Weltgeschehens (»Jetzt«, »arti«), in 19_1 ist die soteria nicht erst soeben jetzt des Gottes »geworden« (egeneto in 12_{10}), sondern sie *ist* des Gottes, in ruhender seiender Selbstverständlichkeit. Wir stellen die drei »soteria«-Worte der Apokalypse einmal nebeneinander:

7_{10} Die soteria unserem Gotte, der auf dem Throne sitzt, und dem Lamme!
12_{10} Jetzt ist die soteria und die dynamis und die Königsherrschaft unseres Gottes geworden und die Vollmacht seines Christus.
19_1 Halleluja! Die soteria und die doxa und die dynamis (ist) unseres Gottes.

Die erste Stelle geht der Eröffnung des siebten (letzten) Siegels voraus. Die zweite folgt auf das Erklingen der siebten (letzten) Posaune, der dritten ist die Ausgießung der siebten (letzten) Zornesschale vorausgegangen. Wichtige Momente im apokalyptischen Stufengang durch Siegel – Posaunen – Zornesschalen werden durch diese drei Stellen markiert.

Daß das Heil und die Macht »Gottes geworden« ist, hängt mit den christlich werdenden Erdenmenschen zusammen. Schon nach der 7. Posaune wird der Lobpreis vernehmbar: »Wir danken dir, daß du deine große Macht an dich genommen und dein Königtum ergriffen hast« (11_{17}). Das setzt doch eine Periode zumindest herabgesetzter göttlicher Allmacht voraus, bis hin zu göttlicher Ohnmacht auf Erden mit der Konsequenz der Passion. »Gott alles in allem« (1. Kor. 15_{28}) ist nicht Beschreibung eines derzeitigen Zustandes, sondern Vorblick auf kommende Vollendung, wenn durch das von der Erde kommende Opfer die Gottheit wieder in ihre wahre Allmacht eintritt. Schon in dem Psalmen-Motiv der »Thronbesteigung Jahves« (93. 97. und 99. Psalm, »Jahve ist König geworden«, auch 47. Psalm) ist das vorgeahnt. Und wie könnte man im Vaterunser um das Kommen des Reiches und das Geschehen des göttlichen Willens auf Erden beten, wenn das schon als etwas Selbstverständliches verwirklicht wäre.

Dieses *»Jetzt«* (arti), womit der Hymnus des Michael-Kapitels einsetzt, ist ein im Neuen Testament selten, aber gewichtig gebrauchtes Wort.[20]

---

[20] Im Matthäusevangelium, in dem sich ähnlich wie bei Johannes so manche Zahlengeheimnisse finden, steht das Wort siebenmal (3_{15}, 9_{18}, 11_{12}, 23_{39}, $26_{29 \cdot 53 \cdot 64}$). Dreimal »ap' arti« – »von jetzt an«, womit der entscheidungsvolle Welten-Augenblick der Christus-Opfertat markiert wird, der eine Wende herbeiführt. Das ist beim Abschluß des öffentlichen Wirkens, im Beginn der Karwoche (23_{39}), beim Abendmahl (26_{29}), bei dem großen feierlichen Bekenntnis vor dem Hohen Rat (26_{64}). — Auch im Johannesevangelium gehört es zu den bedeutsamen Worten, deren Auftreten im Text heiliger Zahlen-Ordnung unterliegt. Siebenmal steht »arti«, um den gegenwärtigen Moment zu unterstreichen, bei der Blindenheilung ($9_{19 \cdot 25}$), bei der Fußwaschung ($13_{7 \cdot 33 \cdot 37}$), in den Abschiedsreden ($16_{12 \cdot 31}$). Dreimal »bis jetzt«: der gute Wein von Kana wurde »bis jetzt zurückbehalten« (2_{10}), »der Vater wirket bis jetzt« (5_{17}), »bis jetzt habt ihr nicht gebeten in meinem Namen« (16_{24}). Dreimal »von jetzt an«: »Von jetzt an werdet ihr sehen den Himmel offen« (1_{51}), »von jetzt an sage ich es euch, bevor es geschieht...« (13_{19}), »von jetzt an erkennet ihr den Vater...« (14_7). Es ist ein Wort, das den einmaligen Ereignis-Charakter des Christusgeschehens fühlbar macht

Daß der Michaelskampf *nicht ohne den Menschen* zum Siege geführt worden ist, tritt in den Worten zutage: »Sie haben ihn (den Drachen) überwunden durch des Lammes Blut und das Wort ihres Zeugnisses und haben ihr Leben (psyche) nicht geliebt bis an den Tod« (12,11). Es ist ein klassisches Beispiel dafür, wie die Schau-Bilder des Sehers oft in Einseitigkeit nur *einen* Aspekt enthalten und wie sie ergänzbar sind. Dem Bilde zufolge hat Michael mit seinen Engeln den Sieg erkämpft. Der Hymnus kann, auch seinerseits wieder einseitig, den Tatbestand mit den Worten aussprechen: »*Sie* haben ihn überwunden.« Sie – die in dem Hymnus auch genannt werden »unsere Brüder«, so daß dadurch angedeutet wird, daß es die im Jenseits lebenden Christenseelen sind, die den »mit großer Stimme im Himmel« ertönenden Hymnus singen. Beide Aspekte sind richtig: Es ist Michael mit seinen Engeln. Und es ist der Mensch, der auf Erden das Schwert Michaels sein kann – »durch des Lammes Blut«.

*

Mit dem Sturz des Drachen wird der Blick wieder *erdenwärts* gelenkt. Das himmlische Weib, als kosmische Menschheitsseele mit Sonne, Mond und Sternen geschmückt gewesen, fristet nun ihr Dasein in der »Wüste«, und die »übrigen ihres Samens« – so werden hier in einer vielsagenden mystischen Wendung die Christenmenschen genannt – sind auf Erden den Angriffen der Drachenmacht ausgesetzt (12,17).
Es gehört zu den offenbarenden Paradoxien der Apokalypse, wie nun auf den himmlischen Siegesjubel – als wäre er gar nicht erklungen – der Triumph des Antichrist auf Erden folgt. Der Sieg ist oben entschieden, aber es dauert noch eine Weile, bis das sich »unten« auswirkt. Es ist eine Art Phasen-Verschiebung. Wie 11,7 das Tier aus dem Abgrund die beiden Zeugen besiegt, so

und das dann auch für jene Momente der weiteren Christenheits-Entwickelung gebraucht werden kann, wo dieses grundlegende »Jetzt« jeweils von neuem aufblitzt. So auch als erstes Wort des Michael-Hymnus, wo das »arti« in seiner apokalyptischen Qualität voll zum Klingen kommt.

wiederholt sich jetzt dieses Geschehen noch einmal. »Es wurde dem *Tier* gegeben, Krieg zu führen mit den Heiligen und sie zu besiegen« (13,7). Es wurde dem Tier »gegeben«, so wie dem Pilatus seine Vollmacht über Leben und Tod Jesu »von oben gegeben« war (Joh. 19,11). Auch das Erlebnis, »auf verlorenem Posten zu stehen«, gehört in den Reifeprozeß des christlichen Menschen mit hinein. Was die »Heiligen« auf der Erde das Regime des Antichrist überdauern läßt, das sich zu einem furchtbaren Zwangssystem steigert (»Niemand kann kaufen und verkaufen, der nicht das Malzeichen des Tieres, als Gegenstück der göttlichen Versiegelung, an Hand und Stirne angenommen hat«), das ist das »Darunter-Bleiben«, die »Geduld« (hypomoné). Die »Geduld der Heiligen« und ihr trotz allem vertrauender »Glaube« (13,10) steht wie ein erratischer Block mitten in dieser vom Antichrist beherrschten Welt.

Die »Heiligen« mit ihrer Geduld und ihrem Glauben wissen sich zu gleicher Zeit einer höheren Daseins-Ebene angehörig. So wie Johannes in der großen Stadt den Tempel erschaute und die darin Anbetenden, als eine Art »Gralesbezirk«, außerhalb der Geographie, der »unsichtbaren Erde« angehörend, so finden sich die im Reich des Antichrist lebenden Christen miteinander im Geist in einem höheren Bereich vereinigt, wo sie über das Treiben des »Tieres« emporgehoben sind – das ist der »Berg Zion«, ebenfalls dem keimenden himmlischen Jerusalem angehörig. Auf diesem heiligen Berg erschaut Johannes den Christus in der Gestalt des Lammes inmitten der 144 000. Auch der Hebräerbrief spricht von dem »Berg Zion« als dem geistigen Versammlungsort der Christen (12,22).

Diesen um den Christus Versammelten wird nun, während der Antichrist sein Unwesen treibt, eine neue höhere Fähigkeit zuteil. Aus einem vom Himmel her kommenden Tönen, das sich zuerst wie ein Brausen und Dröhnen ausnimmt, hebt sich eine wunderbare Harfenmusik heraus.[21] Die Harfenspieler stimmen das »*Neue Lied*« an (14,3). Es wurde zuerst gesungen von den erhabe-

---

[21] Vgl. Emil Bock, »Apokalypse«, Stuttgart 1951: »Posaunen und Harfen«, S 167.

nen Wesenheiten des innersten Kreises um den Gottesthron, von den vier cherubischen »Lebewesen« und den 24 Ältesten, die auch die Harfen in ihren Händen hatten. Der Menschen-Beitrag erschien nur im Weihrauch der aufsteigenden »Gebete der Heiligen«. Diesmal ist die Situation anders. Das Neue Lied, das im innersten Thron-Kreis seinen Anfang nahm, hat sich in konzentrischen Kreisen weiter ausgebreitet. Die Harfenspieler und Sänger sind diesmal nicht die erhabenen Wesen des innersten Kreises, sondern andere, die nunmehr »vor« diesen Wesen spielen und singen. Wer diese anderen sind, an die das Lied jetzt übergegangen ist, wird nicht direkt gesagt. Sie lassen das Lied nun zu den 144 000 hin erklingen, die von den Erdenmenschen allein die Aufnahmebereitschaft besitzen, diese himmlische Musik überhaupt zu hören. Und nicht nur zu hören, sondern das Neue Lied zu »*lernen*«. Während im Reich des Antichrist allen tieferen Gefühlen der Menschen die Ausrottung droht, erwächst in den Seelen der »Heiligen« eine ganz neue Gefühlswelt, als eine Auswirkung des Christus-Opfers. In den alten Kulturen klang noch das »alte Lied« nach, von der Schöpfung, von der Uroffenbarung her. Was alte Kultur war, wird zerstört, das gehört zu dem »Zertretenwerden der heiligen Stadt«, die kein Asyl mehr ist. In »Babylon« ist alles Musische erstorben (18$_{22}$). Das »Neue Lied« ist eine aus der Durchchristung des Menschen erblühende neue »Musik«, eine neue Gefühlswelt, eine neue Kultur. Sie fällt aber nicht mehr wie das »alte Lied« träumenderweise den Seelen in den Schoß, es ist ein Aufraffen der inneren Kräfte notwendig, ein heiliges *»Lernen«*. »Lernen«, das schließt das ichhafte Streben ein, bewußt an der Erweiterung des eigenen Innern zu arbeiten. In dem Heilandsruf »Kommt her zu mir alle« sagt der Christus: »Lernet von mir.« Die 144 000 sind »jungfräulich« in ihrem Seelischen und »fleckenlos«, ohne die Totenflecken der »Lüge« in ihrem Geistigen. Die 144 000 sind kraft der Versiegelung, die ihnen schon früher zuteil geworden war (7$_3$), imstande gewesen, sich von dem Prägezeichen, dem »charagma« des »Tieres« freizuhalten. (Siebenmal erscheint dieses »charagma«: 13$_{16. 17}$, 14$_{9. 11}$, 16$_2$, 19$_{20}$, 20$_4$). Das Siegel an ihrer Stirne verwandelt sich nunmehr in den eingeschriebenen Namen des Lammes und des Vatergottes

(14_1). – In einer ersten Vorahnung des Fernzieles wird im 6. Sendschreiben an Philadelphia die Verheißung gegeben: »Ich werde auf ihn schreiben den Namen meines Gottes und den Namen der Stadt meines Gottes, des neuen Jerusalem, das herabsteigt aus dem Himmel von meinem Gotte her, und meinem Namen, den neuen« (3_{12}).
Diese Dreiheit der Namen verwandelt sich 14_1 in eine Zweiheit, um schließlich in der Erfüllung des himmlischen Jerusalem sich in dem *einen* Gottesnamen, der den Vater und das Lamm vereinigt, zusammenzufassen (22_4). Es ist ein Prozeß, in dem sich die Dreiheit zuerst auseinanderfaltet und sich dann in den Zusammenklang hinein vereinigt. In 14_1 steht der Opfer-Aspekt des Lammes an der Spitze.
In 14_{12} ist zum siebenten und letzten Mal die Rede von der »Geduld«, die nunmehr ihrem Lohne nahe ist.

*

Nachdem die Reihe der sieben »Geduld«-Worte (1_9, $2_{2.\ 3.\ 19}$, 3_{10}, 13_{10}, 14_{12}) zu ihrem Ende gekommen ist, setzt nun eine andere apokalyptische Siebener-Reihe um so stärker ein: die Seligpreisungen (1_3, 14_{13}, 16_{15}, 19_9, 20_6, $22_{7.\ 14}$), die von jetzt an immer dichter aufeinander folgen. In 14_{13}: die Seligpreisung der *»Toten, die in dem Herrn sterben«*. Wie bei dem Michaelhymnus (12_{10}) erscheint auch hier wieder das markante »jetzt« (arti). »Von jetzt an«. Man könnte da eine Frage empfinden. Ist nicht schon im 7. Kapitel die Seligkeit der Märtyrer in kaum zu überbietender Weise besungen worden? Wieso nun »Von jetzt an«? Wieder darf man wohl nicht zu direkt mit der uns geläufigen diskursiven Logik an so etwas herangehen. Im apokalyptischen Bewußtsein werden zeitliche Verhältnisse in anderer Art erlebt. Das vorangehende »Jetzt« im Beginn des Michael-Hymnus 12_{10} war, wie der Fortgang im Antichrist-Kapitel 13 zeigt, ein »Vorgriff« – »oben« ist der Sieg schon vorhanden. Das zweite »Jetzt« – »Von jetzt an« in 14_{13} ist im Vergleich dazu ein »Nachgriff«. Etwas bereits Verwirklichtes strahlt jetzt erst in endgültiger triumphaler Bewußtheit auf. Auch die Märtyrer, von denen vorher schon die Rede war, waren »in dem Herrn gestorben«. Aber in dem Zeitpunkt nach dem Erklingen der 7. Posaune tritt das vorher schon Gültige noch einmal in ein ganz neues Licht, in Analogie zu dem Vorgang im Erkenntnisleben, wenn etwas bereits seit langem Gewußtes plötzlich mit dem Charakter einer neuen Entdeckung aufleuchtet.

Wie beim ersten Erscheinen der Märtyrer (6_{11}) meint das Wort *»ruhen«* (»sie werden ruhen von ihren Mühseligkeiten«) nicht eine »Kirchhofsruhe«, sondern ein tiefes Aufatmen im Geiste. Die Apokalypse zeigt ja immer wieder, daß die Verstorbenen nicht müßig sind. Wovon sie sich »ausruhen«, das ist das »Mühselige«, das Qualvolle, was allem Erdenwirken immer wieder anhaftet. Adam und Eva werden nach dem Sündenfall nicht »zur Arbeit verurteilt« – sie waren ja vorher tätig im »Bebauen und Bewahren des Gartens«. Was als Fluch wirkt, ist das Mühselige, das mit den »Dornen und Disteln« zu tun hat. Von diesem negativen Einschlag der Erden-Tätigkeit werden die Seligen erlöst, zu einem Wirken, das in ruhevoller Harmonie vor sich gehen kann. Die »Ruhe« wird ihnen nicht gestört durch die ihnen »nachfolgenden Werke«. – Die vom Menschen auf Erden getanen *Werke* sind nicht in dem beschlossen, was sozusagen in ihnen der »Taten-Leib« ist. Als vom Menschen ausfließend, sind die Werke an einer bestimmten Weise gefühlsmäßig beseelt und geistig von einer bestimmten »Intention« getragen. Ein »gutes Werk«, das in selbstischer Absicht getan würde, wäre nicht gut, weil der an sich vielleicht erfreuliche Taten-Leib durch das Hinschielen auf einen zu erreichenden Zweck verhäßlicht würde. Menschentaten sind konkrete übersinnliche Wesen, die dem Täter auf dem Fuße folgen und sich nach dem Tod nachdrücklichst fühlbar machen. Die Werke der 14_{13} Seliggepriesenen sind nicht so, daß sie im nachtodlichen Dasein Beunruhigung verursachen, sie tragen vielmehr dazu bei, daß das befreiende Aufatmen in Geistesruhe erlebt werden kann – »denn« ihre Werke folgen ihnen nach. – Die Seligpreisung der Toten leitet über zu dem Kommen des Menschensohnes auf der weißen Wolke, das in der Apokalypse, wie schon bemerkt, noch nicht mit der Endvollendung zusammenfällt.

Das Motiv des *»Neuen Liedes«* begegnet uns in Abwandlung ein drittes und letztes Mal im Kapitel 15, wo sich die Ausgießung der Zornesschalen vorbereitet, die der letzten Vollendung noch vorangehen muß. Wieder wird ein Fortschreiten bemerkbar. In 5_8 stimmten die höchsten Wesenheiten des innersten Kreises das Lied erstmalig an. In 14_2 hat es schon weitere Wellenkreise gezogen und tönt zu den 144 000 hin, die sich auf dem Berg Zion erhoben haben und die das Lied »lernen«. Jetzt erscheinen als die Harfenspieler und Sänger eindeutig die Christen-Menschen, die gesiegt haben »aus« dem Tier, (so wörtlich 15_2), die sich durch ihr Überwinden herausgearbeitet haben aus dem Machtbereich des Tieres, aus dem Zwangsbereich seines Prägezeichens. Sie stehen am »Gläsernen Meer«, dessen urbeginnhaft reine Kristallwelt nunmehr mit »Feuer« durchmischt erscheint – höhere Einheit von klarster Reinheit und brennendem Liebesfeuer, zu der das Weltendasein von seiner ersten Schöpfungsgestalt her nunmehr weitergeschritten ist. Das kristallene Meer wird ja zuerst geschaut in der großen Thron-Vision des 4. Kapitels (4_6). Die Überwinder spielen auf »Gottesharfen«. David bändigte einst durch sein Saitenspiel die Dämonie Sauls. – Das »Neue Lied« erhält diesmal eine andere Bezeichnung: »das Lied des Moses und das Lied des Lammes« (15_3). Die große Errettung am Roten Meer nach dem Auszug aus dem Plagen-verfinsterten Ägypten war in der apokalyptischen Schul-Tradition das Vor-Bild des eschatologischen Geschehens. Der Auszug aus Ägypten vollzog sich im Zeichen des geopferten Passah-Lammes. Der Auszug aus einer versinkenden, vom »Tier« geprägten Welt wird möglich durch das Opfer des wahren Passah-Lammes.

*

In dem Worte, daß die Überwinder sich »herausgesiegt haben aus« dem Bannkreis des Tieres, kündigt sich, wie auch in dem »Lied des Moses«, der nun bevorstehende große »Auszug« an, der in all den jemals vorausgegangenen »Exodus«-Begebenheiten sein Vorspiel hat. Im Gleichnis vom Unkraut unter dem Weizen wird beides miteinander wachsen gelassen, bis der Moment der Ernte und damit der Auseinandertrennung gekommen ist. Die christlichen Erdenmenschen müssen das Regime des Tieres in Geduld ertragen. Die dem Göttlichen abgeneigten Menschen verhärten sich weiter (16₉.₁₁.₂₁). Die »Hure Babylon« ist »trunken vom Blute der Heiligen« (17₆). In der *undurchchristeten Erdenwelt*, die als die »große Stadt Sodom und Ägypten« erschien und die schließlich als das in den Abgrund stürzende Babylon das Gegenbild zum himmlischen Jerusalem darstellt, »ist das Blut der Propheten und Heiligen gefunden worden, und aller derer, die hingeschlachtet wurden auf Erden« (18₂₄). – Der aus dem Himmel ertönende Ruf: »Gehet heraus, die ihr mein heiliges Volk (laos) seid, aus ihr (Babylon)!« (18₄) bedeutet den endgültigen *Exodus*. Danach vollzieht sich die Katastrophe der »großen Stadt«, die laut 16₁₉ schon ihre Vorstufen gehabt hat.

*

Dem Babylon-Kapitel 18 folgt die Schau des *»Weißen Reiters«* und seiner Scharen. Hier wird der Christus mit dem höchsten Namen als der »Logos Gottes« bezeichnet. »Ihm folgten nach die *Heerscharen im Himmel* auf weißen Pferden, angetan mit weißer und reiner Leinwand« (19₁₄). Wer sind diese, die dem Logos als seine Ritterschaft nachfolgen? Das wird an einer vorhergehenden Stelle mit aller Deutlichkeit gesagt. Nachdem schon 16₁₆ vorausschauend der Name »Hermageddon« für den Ort des Entscheidungskampfes gefallen ist, enthält 17₁₄ einen Vorblick auf diesen Kampf selber. Die Widersacher »werden Krieg führen mit dem Lamm, und das Lamm wird sie besiegen, denn es ist Herr über Herren und König über Könige, *und die mit ihm, die Berufenen und Erwählten und gläubig Vertrauenden«*. Hier erscheint dieselbe Bezeichnung wie 19₁₄: »Herr über Herren, König über Könige«. Dieser Titel mag von den Großkönigen des Orientes gebraucht worden sein – wieder, wie so oft, werden in der Apokalypse vorgeprägte Wendungen übernommen, aber mit einem ganz neuen Sinn erfüllt. Hier meint dieser Großherrentitel nicht einen Super-Machthaber. Er ist hier ganz wörtlich zu nehmen. *»Herr über Herren«*. Der Christus kann sein wahres Wesen nur dann offenbaren und wirken lassen, wenn er nicht über Sklaven und

Mitläufer gebietet, sondern wenn sich mündige, ihres Ich bewußte Menschen ihm freiwillig anschließen, die in sich selbst die innere Herrscherkraft, in Selbstbeherrschung, aufgerufen haben. Der Johannesprolog sagt, daß der Christus zu den »Eigenen« (idioi) kam, die eben wegen ihrer erwachten Ich-Kräftigkeit die »Seinen« hätten sein sollen, daß jedoch diese, ihre Ichheit im Egoismus verfälschend, ihn nicht aufnahmen – aber diese Abweisung war doch nicht eine totale. »Die ihn aber aufnahmen ...« Die in ihr Eigensein den Christus als das große »selbstlose Ich« aufnahmen, sind wahrhaft die »Seinen«. Sie sind nicht das, was man »Herrenmenschen« nennt, aber sie haben die innere Herrscherkraft des Ich in den Dienst des Christus gestellt. Er ist mit Novalis zu sprechen »das Ich der Iche«. – Beim Weißen Reiter ist die Wortfolge umgestellt, da beginnt es mit der »Königs«kraft: »König über Könige, Herr über Herren« (19_{16}). In dreifacher Weise sind diese Ritter des Christus in 17_{14} charakterisiert: berufen – auserwählt – glaubenskräftig. »Berufen und auserwählt« läßt uns an den Schluß des Gleichnisses von der Königlichen Hochzeit denken (Matth. 22_{14}). Auch hier stehen diese Worte im Zusammenhang einer »Hochzeit«. Das Kapitel vom Weißen Reiter wird eingeleitet durch die Ausrufung der *»Hochzeit des Lammes«* (19_7). Der himmlische Bräutigam vermählt sich mit der Erdenmenschheit. Die Vereinigung ist ausgedrückt in den Bildern der Vermählung und des Mahles. »Selig, die zum Hochzeitsmahl des Lammes berufen sind« (19_9). Das Brautkleid wird beschrieben als »Leinwand, leuchtend hell (lampros) und rein« (19_8), noch eine Steigerung gegenüber dem früher erwähnten weißen (leukos) Gewand. Das Adjektivum »lampros«, strahlend hell, wird dann noch gebraucht für die kristallene Flut des Lebensstromes im himmlischen Jerusalem (22_1) und für den Glanz des Morgensternes (22_{16}), auch vorher schon bei der Beschreibung der Zornesschalen-Engel, die in »reinen und strahlenden Linnen« aus dem Allerheiligsten hervortreten (15_6). Mit »reiner weißer Leinwand« ist die Ritterschaft des Christus angetan (19_{14}). Das Wort »byssinos«, das hier für »Leinwand« steht, ist bisher für die weißen Gewänder der Seligen nicht gebraucht worden. Es bezeichnet ein besonders feines Linnen. Das ist noch einmal eine Steigerung.

Und es ist dasselbe Wort, das kurz vorher für das Hochzeitskleid der Braut des Lammes gebraucht wurde (19₈).

Der Vorschau von 17₁₄ zufolge sind diese Ritter nicht Engel, sondern christliche *Menschen*. Sie haben auch ihren Anteil am Entstehen des weißen Linnen-Gewandes. Es ist wieder einer dieser lichtbringenden erklärenden Sätze: »Das Linnen des Brautkleides für die große Hochzeit – das sind die *gerechten Taten der Heiligen*« (19₈). Wörtlich: die Gerechtmachungen, »dikaiomata«. Von Zacharias und Elisabeth sagt Lukas, daß sie wandelten in allen »dikaiomata des Herrn« (Luk. 1₆), gemäß der »Gerechtsame« der göttlichen Ordnung. Diese dikaiomata der Heiligen sind der Stoff, aus dem das »Brautkleid« gemacht ist, und ebenso das Gewand der Ritterschaft.

Wieder einmal wird hingedeutet auf den wichtigen Beitrag, der *von der Seite der Menschen* kommen muß, soll die Erlösungstat des Lammes wirklich frommen. Der Zusammenklang von 17₁₄, 19₈ und 19₁₄ läßt fortlaufende Entwickelungen »zwischen den Zeilen der Apokalypse« ahnen. Wiederum bemerken wir im Dasein der jenseitigen Christen eine Steigerung. Sie haben das hochzeitliche Gewand hervorgebracht; gerade das »Linnen« erinnert an den langwierigen mühevollen Arbeitsprozeß, der zur Herstellung von Leinwand notwendig ist. Und sie reiten auf dem *weißen Pferd*. Das Pferd hat in der Bildersprache der Mythen und Märchen eine Beziehung zu den Intelligenzkräften. Bei der Eröffnung der ersten vier Siegel erscheint zuerst die reine Lichtkraft des Denkens als weißes Pferd, dann wird das Denken getrübt durch hineinschlagende Emotion – das rote Pferd, dann gefangengenommen von den Kräften der Erdschwere im nur »Ponderablen« – schwarz, schließlich wird das materialistisch gewordene Denken von der Todesmacht in Person beherrscht – das »fahle« Pferd. Die Durchchristung des Menschen soll seine Gefühlskräfte durchdringen – das »neue Lied« –, aber sie soll nicht haltmachen vor den Kräften des Denkens und Wollens. Auch die Intelligenz, die immer mehr dem mechanistischen Todesdenken anheimzufallen droht, soll durch Spiritualisierung erlöst werden. Das ist für die Zukunft der Menschheit auf Erden von entscheidender Wichtigkeit. Ohne daß das Erkenntnisvermögen an das

Übersinnliche herangeführt wird, verfällt die Menschheit trotz allen intellektuellen Raffinements in Barbarei. Die Schau des Johannes vom Weißen Reiter deutet darauf hin, daß der wiederkehrende Christus getragen sein wird von der Kraft einer spiritualisierten Intelligenz. Geist-Erkenntnis im Sinne des Heiligen Geistes handhabt die Schwertgewalt des Logos. Wie es ein Ewig-Weibliches gibt, so auch ein Ewig-Männliches. Beides soll in den Dienst des Christus treten.

Im folgenden Kapitel sehen wir die Entkörperten in einer letzten Steigerung. Es beginnt sich die Schlußverheißung der Sendschreiben zu erfüllen: »*Thronen* mit Christus« (3_{21}). Wie in der großen Thron-Vision des 4. Kapitels läßt uns der Seher das schrittweise sich gestaltende Schau-Bild in seinem Werden verfolgen: zuerst »Throne«. Dann bilden sich Gestalten heraus, die setzen sich auf die Throne. Schließlich werden sie erkennbar als das, was sie sind – die Seelen der Blutzeugen des Christus. Es ist von Wichtigkeit, daß hier noch einmal, wie zuerst am Anfang der ganzen Bilder-Reihe von den Entkörperten das Wort *»Psychai«*, »Seelen« gebraucht ist (6_9 und 20_4). Diese Bilder-Reihe begann mit den »Seelen unter dem Opferaltar«. Dann sind es die Weißgekleideten mit Palmen in ihren Händen, dann die Harfenspieler und Sänger des neuen Liedes, dann die Ritter auf weißen Pferden. Und jetzt am Schluß steht da noch einmal mit Betonung das Wort »Seelen«. Noch ist die Auferstehung des Leibes am Jüngsten Tage nicht eingetreten. Die Entkörperten werden hier selig gepriesen, daß sie an der »Ersten Auferstehung« teilhaben (20_6). Aber dies ist noch die Vorstufe, das »Leben, auch wenn man stirbt«, die Überwindung des *»Zweiten Todes«*, der nach dem Sterben die Seele verfinstern will. Der »Erste Tod« (er wird nicht ausdrücklich so genannt, aber ergibt sich aus dem Ausdruck »Zweiter Tod«), das Sterben des Leibes, kann erst durch die zum Ziele hindringende »Zweite Auferstehung« (auch sie wird nicht ausdrücklich so genannt, ergibt sich aber aus dem Zusammenhang) überwunden werden. Noch ist, im Beginn des 20. Kapitels, der Tod als letzter Feind nicht außer Kraft gesetzt. Aber die »Erste Auferstehung«, innerhalb des Seelen-Daseins, in Auswirkung des Karsamstag-Mysteriums, als der Christus Licht in die Totenwelt brachte –

sie vermittelt den Seelen der Heiligen bereits ein ich-bewußtes und *aktives Dasein* im Jenseits. Sie *»leben und herrschen königlich* mit dem Christus« (20$_4$) durch eine lange Zeit. Sie dürfen dem Christus *priesterliche* Dienste leisten (20$_6$). Die Christenheit hat in der Vorstellung von den »armen Seelen« und den »Heiligen« diesen Tatbestand erahnt, daß die Entkörperten sehr unterschiedliche Zustände durchmachen können. »Arme Seelen« sind die Verstorbenen, für die der Verlust des Körpers nicht durch Reich-Werden von oben her aufgewogen wird. Die »Heiligen« sind solche Verstorbenen, die im Geisteslichte leben und aus ihrem beseligten Dasein heraus den Erdenmenschen ihre Hilfe zustrahlen können. Die Apokalypse läßt eine Zukunft ahnen, in welcher die Wirksamkeit der in Christo Verstorbenen ein immer machtvollerer Faktor des Daseins werden wird.

Diese königlich-priesterlich wirkenden Seelen werden erschaut als auf Thronen sitzend und richtend. Man hat hier eine Unebenheit in der apokalyptischen Schilderung finden wollen: daß diese Seelen *»richten«*, gerate in Konflikt mit der bald darauf folgenden Szene des Jüngsten Gerichtes, dessen Richter nur Gott der Herr ist. Wieder darf man die Schau-Bilder nicht nach den Gesetzen einer »pragmatischen« Folge-Richtigkeits-Logik gegeneinander ausspielen. Beide Schauungen haben ihre besondere Richtigkeit, sie widersprechen einander nicht. Wenn die »Seelen« auf den Thronen Platz nehmen und ihnen »Gericht gegeben wird«, so heißt das, daß sie, einfach durch das, was sie sind, anderen Seelen ein Maßstab der Selbstbeurteilung werden. Im Ansichtigwerden ihres erhöhten Menschentums wird Selbstgericht erlebt. – Dieses Gericht durch den Anblick der »vollendeten Gerechten« ist dann seinerseits wieder nur eine Vorstufe des Jüngsten Gerichtes. Die Imagination der »Throne« für die Heiligen metamorphosiert sich hinüber in das urgewaltige Bild des »großen Weißen Thrones« (20$_{11}$).

*

Doch dazwischen liegt noch eine andere Schau, die uns ein letztes Mal auf die *Erde* führt. Noch lebt ein Teil der Christenheit unten in irdischer Inkarnation. Die Widersacher-Mächte bäumen sich noch einmal auf in einer letzten Anstrengung. Die Scharen von »Gog und Magog« treten auf, »wie Sand am Meere«, als ein Massen-Menschentum. Was da aufmarschiert, das nimmt sich aus wie einer Unterwelt entstiegen, ein fremdartiger Anblick im Schein der Sonne. »Sie stiegen herauf auf die Oberfläche der Erde« (20,9) und bedrohen das »Feldlager der Heiligen und die geliebte Stadt«. Die Heiligen auf Erden klammern sich nicht seßhaft und besitzfreudig an das materielle Dasein. Sie »haben hier keine bleibende Statt« und leben wie der Soldat in einem Zeltlager. Mit dem Rätselwort der »*geliebten Stadt*« wird wieder auf das sich vorbereitende, in gewissen Vor-Stadien sich ankündigende himmlische Jerusalem hingewiesen, dessen hereingeisterndes Ahnungsbild keinen Widerspruch gegen das Bild vom beweglichen »Zeltlager« bedeutet. Aber der Angriff der Gegenmächte wird, wie es scheint, diesmal mit Leichtigkeit abgewiesen. Die mächtigen Verstorbenen helfen wohl von oben mit. »*Feuer fällt vom Himmel*« und entscheidet den Kampf, macht dem Spuk von Gog und Magog ein Ende. In dieser Schlußphase ist die Macht des Guten zur »Weißen Magie« herangereift. Die Zeit der triumphierenden Gegenmächte ist vorüber, nach langer Entwickelung, nach manchen Rückschlägen.

Nunmehr folgt das Bild vom *großen Weißen Thron*. Der auf dem Thron Sitzende übt als »Meister vom Stuhl« die große weiße Magie aus, durch den Blick seiner Augen entmaterialisiert er die Welt: »Vor seinem Antlitz floh – verflüchtigte sich – Himmel und Erde und wurde kein Raum mehr für sie gefunden« (20,11). Das Räumliche verschwindet. Übrig bleiben – die Menschen allein. Sie müssen diesem Angesicht des Thronenden »stehen«. Das 6. Siegel beschreibt eine Szene, die eine erste Vorahnung ist. Die auf Erden Lebenden verbergen sich in Höhlen und sprechen: »Berge fallet über uns und verberget uns vor dem Angesicht dessen, der auf dem Throne sitzt...« (6,16). Es ist ein anfänglicher Eindruck davon, daß der Mensch die durch und durch dringenden Augen eines göttlichen Angesichtes auf sich gerichtet fühlt. Das Sich-verkriechen-Wollen in die Felsenhöhlen und das Zugedecktsein-Wollen durch die Berge – was ist es anderes als die Flucht in das materielle Dasein hinunter, um die leise sich ankündigenden Gerichts-Ahnungen zu betäuben. Rudolf Steiner nannte einmal den Materialismus ein Furcht-Phänomen. – Nachdem sich die stoffliche Welt verflüchtigt hat, gibt es keine Möglichkeit mehr, sich diesem Angeschautwerden zu entziehen. Die materiellen Dinge sind verschwunden, aber die Taten der Menschen, die sie in der vergänglichen Welt getan haben, sind nicht mit dieser vergangen. Sie haben sich einer feinen Substantialität eingeschrieben. Die »Bücher« werden geöffnet und die Menschen danach gerichtet.

Jetzt erst wird der Tod endgültig überwunden. Wie schon beim 4. Siegel erscheinen Tod und Hades als personhafte Geistwesenheiten, die eben als solche das Sterben und das Verdunkeltsein der Seele nach dem Tode bewirken. Die Auferstehungswelt erscheint dann im himmlischen Jerusalem, in dem der Neue Himmel und die Neue Erde sich vermählen.

*

Die Bilder-Folge der Johannes-Apokalypse zeigt unverkennbar eine Entwickelung der dem Christus sich öffnenden Menschheit. »*Entwickelung*« springt ins Auge, wenn man die beiden Stellen 6_9 und 20_4 nebeneinanderhält, wo am Beginn und am Abschluß gewaltiger fortschreitender Wandlung das Wort »Seelen« – »Psychai« – gebraucht ist. Der Fortschritt wird nicht in fortlaufender Kontinuität verfolgt, er tritt jeweils in einem Ausschnitt-artigen Moment-Bild zutage. Aber »hinter den Kulissen« dieser einzelnen Bilder geht ja etwas vor sich. Das *Fortschreiten* der mit dem Christus sich verbindenden Menschen wird von Bild zu Bild »intermittierend« sichtbar, in ständigem Schauplatz-Wechsel zwischen Erde und Himmel. Die ganze Bilder-Reihe schließt sich einheitlich zusammen, wenn der einzelne Christenmensch durch *Wiederverkörperung* in diesen Szenen-Wechsel und die damit verbundene Wechselwirkung zwischen irdisch verkörperter und himmlisch entkörperter Existenz durchgehend bis zum Jüngsten Tag voll einbezogen ist. Der zeitliche Raum für Wiederverkörperung wird in der Apokalypse mit ihren auseinandergelegten Epochen-Abläufen sehr viel deutlicher erkennbar als in den gerafften, in eine einzige Schau hineinkonzentrierten eschatologischen Ausblicken, die wir im vorigen Kapitel besprochen haben.

Der Einwand könnte hier sich erheben: Ist denn nach den Beschreibungen himmlischer Seligkeits-Zustände, wie sie zum Beispiel schon im 7. Kapitel gegeben werden, wo »der Ältesten einer« dem Apokalyptiker Antwort gibt auf seine Frage: Wer sind diese, die mit den weißen Gewändern bekleidet sind? – ist denn nach solchen Höhepunkten ein *nochmaliger Abstieg in das Erdendasein* denkbar? Wir erwähnten bereits, daß in dieser wunderbaren Schilderung das Bild vom »Dienen in Seinem Tempel Tag und Nacht« (7,15), das etwas absolut Endgültiges und nicht Überbietbares anzudeuten scheint, doch wiederum nicht das andere Bild ausschließt, daß das Lamm diese Seligen »Wege führt« (7,17). Es kehren gewisse Bild-Elemente, die dieser Seligkeits-Hymnus enthält, noch einmal am Schluß wieder, bei der Schilderung des himmlischen Jerusalem. »Der auf dem Throne sitzt, wird *über* ihnen wohnen« heißt es 7,15. Im Jerusalem-Kapitel 21 heißt es: »Siehe, die Hütte Gottes (skēnē, das Wohnzelt, von der »Stiftshütte« des Wüstenzuges hergenommen, für jüdische Ohren anklingend an die »shekhina«, die göttliche Einwohnungs-Gegenwart) bei den Menschen. Und er wird *bei* ihnen wohnen« (21,3). Im 7. Kapitel erscheinen entkörperte Menschen in der Welt Gottes, in »seinem Tempel«. Das himmlische Jerusalem hat keinen Tempel (21,22). Was zur Weltenzeit des »Alten Himmels« und der »Alten Erde« einerseits der Tempel im Himmel, andererseits der Tempel auf Erden war, das ist jetzt eins geworden im Neuen Jerusalem, das als solches selber sowohl himmlischer als auch irdischer Tempel ist. Der Himmelstempel ist mit der Menschen-Welt, der Menschen-»Stadt« eins geworden. Im Text ist auch die Feinheit nicht zu übersehen, die in der Verschiedenheit der Präposition liegt: 7,15 steht »epi« (»skenōsei ep'autous«). Er wohnt »über« ihnen. Im Neuen Jerusalem steht an Stelle des »epi« ein »meta« – »mit«, »bei«. Das Göttliche wird in einem gesteigerten Nahe-Sein erlebt. – So läßt das Bild des 7. Kapitels im Sinne des Apokalyptikers doch *noch weitere Entwickelungen* offen. Es wiederholt sich auch das so wunderbar-innige Bild vom »Abwischen der Tränen aus ihren Augen« (7,17 und 21,4). Das ist doch gewiß nicht nur »noch einmal das Gleiche«. Wenn dieses Erlebnis des Versöhntwerdens mit allem Erdenleid im Neuen Jerusalem wieder eintritt, so doch gewiß mit einer Steigerung. Auch hier gilt: »Es wird sein und ist schon jetzt.« Es gibt Erlebnisse, die typisch wiederkehren, aber auf immer höheren Stufen. So kann es auch *»Seligkeit« auf verschiedenen Stufen* geben.

Schon im religiösen Leben während des Erdendaseins können Momente tiefer Beseligung eintreten. Sie geben einen Vorgeschmack von Künftigem, das noch in der Ferne liegt. Daß sie vorübergehen, ist kein Argument gegen den Wahrheits- und Lebensgehalt solcher Momente. Aber vorerst müssen sie auch wieder anderen, weniger beseligenden Zuständen Raum geben, die der Mensch für seine weitere Reifung eben auch zu absolvieren hat. Ähnliches dürfte ebenfalls für die jenseitige Existenz gelten, wenn sie in concreto angeschaut wird. Die Entbindung aus einem Qualen bereitenden kranken Körper kann ein echtes Seligkeits-Erlebnis herbeiführen, mit dem Vor-Geschmack einer Existenz in der Entschränkung, trotzdem können dann im weiteren Fortgang nach dem Tode bei der Rückschau und dem Rück-Erleben auch sehr schmerzliche Phasen sich ergeben, die absolviert werden müssen, die dann wieder von helleren Epochen gefolgt sein können. Die in der Apokalypse geschilderten Seligkeiten der im Jenseits befindlichen Christen schließen nicht aus, daß abermals der Weg in eine irdische Inkarnation angetreten wird. In dem früher von uns besprochenen Sinne, daß der Mensch in den wiederholten Erdenleben sich nicht abhanden kommt, sondern entsprechend der Intensität seines Innenlebens sich selber immer ähnlicher wird, durch alle Hüllen-Natur immer heller hindurchscheinend, würde auch die Christlichkeit nicht verlorengehen, sondern sich immer reicher und konkreter von Erdenleben zu Erdenleben verwirklichen. Eine Provinz des so breit und umfassend angelegten Menschenwesens nach der anderen könnte so dem Christus aufgeschlossen werden. Die nächste nach-todliche Epoche im Jenseits würde dann wiederum die Früchte der neuerlichen Erden-Erfahrung in der Geisteswelt zur Ausreifung bringen und wiederum andere Formen der »Seligkeit« herbeiführen. Was der junge Goethe so genial formulierte, das »Ahnden nach ferneren, verhülltern

Seligkeiten dieser Welt«[22], das dürfte auch für die Entwickelungen in der jenseitigen Welt gelten.

In seinem Buch »Wiederverkörperung« gibt Fr. Rittelmeyer die anthroposophische Darstellung des Nachtodlichen einmal in folgender Weise wieder: »Jede Seele trägt ihre geistige Auftriebskraft unverlierbar in sich, weil sie selbst in ihrem tiefsten Wesen von oben ist. Aber es liegt an ihrem vergangenen Erdenleben, wie hoch, wie rasch, wie bewußt sie in die höheren und höchsten Welten, die alle für sie offenstehen, eintreten kann« (S. 30). »An den Anziehungskräften, die in unserer Seele leben, wird offenbar, wohin sie gehört, ob zu niedrigen, ob zu höheren Weltregionen. Nicht ein äußeres Urteil wird in kurzen Worten ausgesprochen, sondern eine Wesensbeziehung nach der andern tritt heran, bis sie »geläutert« ist, das heißt bis alles an ihr, was in der höheren Luft nicht mehr leben kann, abgestorben ist. So zieht es die Seele höher und höher bis in *den* ›Himmel‹, zu dem *sie* in ihrem Erdenleben sich selbst bestimmt hat« (S. 29/30). Dieses Himmels-Erlebnis, mag es noch so hochgeistig und beseligend sein, ist also immer noch ein relatives, von dem vorangegangenen Erdenleben her in gewissen Schranken gehaltenes. Es ist *noch nicht ein Absolutes und Letztes*. Es ist jeweils ein »und ist schon jetzt« als Vorgeschmack eines künftigen vollendeten »es wird sein«. Um diesem Letzten entgegenzuwachsen, können neue, weiterführende Einschläge notwendig werden, wie sie nur auf Erden für den verkörperten Menschen erlebbar sind.

Beobachten wir einmal, *an welchen Stellen* im Fortgang des großen Apokalypse-Dramas jeweils die Schau-Bilder eingefügt sind, welche die *fortschreitende Entwickelung der entkörperten Christenmenschen*, der »Psychai« in der höheren Welt zum Inhalt haben. Es zeigt sich, daß diese Schau-Bilder in *drei Gruppen* angeordnet sind, und zwar im Zusammenhang mit den großen Siebener-Rhythmen des apokalyptischen Geschehens.

Wie die Genesis die Weltschöpfung im Rahmen der Siebentage-Woche schildert, so die Apokalypse den Zeitenablauf zum Ende

---

[22] »Gedichte von einem polnischen Juden«, Frankfurter gelehrte Anzeigen, 1. Sept. 1772.

hin in siebengliedrigen Epochen, wie in Oktavengängen. Auf das Präludium der sieben Sendschreiben an die Gemeinden in Asien folgt die Epoche der sieben *Siegel*-Eröffnungen, im weiteren dann das Nacheinander der sieben *Posaunen*klänge und schließlich der sieben *Zornesschalen*-Ausgießungen.

Die im Jenseits befindlichen Christenmenschen erscheinen vor dem Seherblick des Johannes erstmalig bei der Eröffnung des fünften *Siegels* (6$_9$), gleichsam noch in einem, man möchte beinahe sagen, »anfängerhaften« Stadium ihrer nachtodlichen Existenz (die »Seelen unter dem Opferaltar«), sodann aber in kraftvoller übersinnlicher Daseinsweise, »im großen Stil«, im 7. Kapitel (»die in den weißen Kleidern«), zwischen sechstem und siebtem Siegel. Danach wendet sich der Blick mit dem Ertönen der *Posaunen* wieder zur Erde hin, bleibt erdwärts gerichtet, bis die siebte Posaune erklungen ist. In ihrem Nachklangsbereich werden die jenseitigen Christen abermals sichtbar und hörbar. Als die, welche »sich herausgesiegt haben aus dem Machtbereich des Tieres« (15$_2$) und das »Neue Lied« »erlernt« haben, stehen sie nunmehr am Gläsernen Meer, als die Sänger des eschatologischen Erlösungs-Liedes und als mit der Vollmacht und Fähigkeit begabt, die »Harfen Gottes« zum Klingen zu bringen. Diese Steigerung der übersinnlichen Potenz ist ein Ertrag dessen, was während der Posaunen-Epoche auf Erden erlitten und erwirkt worden ist.

Das leitet über zur Ausgießung der *Zornesschalen*, die zunächst geschildert wird als eine Aufeinanderfolge furchtbarer Katastrophen, noch umfassender und zerstörender als die Posaunen-Ereignisse. Nach dem Abrollen dieser letzten Siebenheit werden die jenseitigen Christen in letzter Steigerung offenbar als Ritterschaft auf weißen Pferden, priesterköniglich waltend, thronend.

Es ist nicht zu übersehen, daß die jenseitigen Christen *jeweils* im Anschluß an die Ereignis-Reihen der Siegel, Posaunen und Zornesschalen einen *Zuwachs* ihres übersinnlichen Wirk-Vermögens aufweisen.

Würde man *nicht* mit der *Wiederverkörperung* rechnen, dann hätten die im 7. Kapitel geschilderten Märtyrer in der ihnen im Gefolge ihrer Erlebnisse während der Siegel-Epoche zuteil gewordenen jenseitigen Seligkeit *ihren* Grad der Durchchristung erreicht. Sie würden dabei nun haltmachen und müßten nur noch auf den Jüngsten Tag warten. Sie würden aber mit dem, was *ihre* Errungenschaft sein konnte, *außerhalb* dessen stehenbleiben, was den Christen einer späteren Erdenzeit – während der Posaunen-Epoche – noch als ein Mehreres an Geistesvollmacht zuwächst. Das im 13. Kapitel geschilderte Reich des Tieres (noch im Bereich der 7. Posaune) stellt unzweifelhaft eine Steigerung dar gegenüber der Art, wie sich zur Zeit der Siegel das Böse auf Erden betätigt hat. Jenes Böse, dem die frühen Märtyrer zum Opfer fielen, hatte noch nicht die Reife des intellektuellen Raffinements entwickelt, mit der das Reich des Antichrist mit seinen Zwangsgewalten perfekt durchorganisiert ist (»keiner kann kaufen oder verkaufen, der nicht das Malzeichen des Tieres an Stirn und Hand angenommen hat«). Das Böse hatte auch noch nicht die Reife erlangt, mit antigöttlicher Magie »wunderwirkend« aufzutreten. Das bedeutet aber auch, daß im Erleiden und Überwinden nun auch *gesteigerte Kräfte des Guten* erzeugt werden konnten, wodurch der Umfang des Menschenwesens, dessen, was das »Humanum« ist, nach dem Spirituellen hin erweitert wird. An dieser Erweiterung und Steigerung würden die Märtyrer der Siegel-Zeit keinen Anteil haben, wenn sie bei dem für sie erreichbar gewesenen Entwickelungsgrad verbleiben müßten.

Das gleiche würde wiederum für die aus der Posaunen-Zeit hervorgegangenen jenseitigen Christen gelten gegenüber denen, die im weiteren Weltenfortgang die Prüfungen der Zornesschalen-Zeit zu absolvieren hatten. Ihre Geistesritterschaft, ihr königliches Priestertum, ihre thronende Vollendung wäre nicht zustandegekommen ohne die Konfrontation mit der Weltvernichtung der Zornesschalen-Katastrophen.

Ein anderes Bild entsteht, wenn die *Wiederverkörperung* in Betracht gezogen wird. Dann würde die *Christenheit als ganze* durch alle diese Epochen hindurchgehen und an ihren verschiedenartigen Prüfungen, aber auch an ihren verschiedenen möglichen Errungenschaften als ganze teilhaben. Der einzelne brauchte dann nicht mit dem Ertrag eines einmaligen Erdendaseins abzuschließen und in einem »Zwischenzustand« des Jüngsten Tages zu warten. Er würde in das Weiterschreiten der Menschheit mit hineingenommen. Ohne einen »Zwischenzustand«, der etwas Unbefriedigendes hat, ob er nun verschlafen oder verwartet, vielleicht auch sogar in Seligkeits-Erlebnissen verwartet wird, dürfte sich dann der in einem Erdendasein gemachte Anfang des Christwerdens weiter entfalten, durch neue Erden-Erfahrungen und neue Himmelsaufenthalte hindurch, in einem voll erfüllten Werde-Leben, mit der allmählichen *»Verwandlung in Sein Bild, von einer Klarheit zur andern«*.

WERKE VON RUDOLF FRIELING

Von Bäumen, Brunnen und Steinen
in den Erzvätergeschichten
3. Auflage, 56 Seiten, kartoniert

»Frieling stellt mit überzeugender Beweiskraft dar, wie die drei Erzväter mit bestimmten Motiven biblischer Bildersprache verbunden sind. In den Erzählungen um Abraham spielen ganz besonders eindringlich die Bäume eine Rolle, bei Isaak offenbart sich das Motiv des Brunnens in steigender Wiederholung, während das Legen der Steine in den Geschichten um Jakob zum eigenartigen Erlebnis werden soll... Dieses Werk sollte freudigster Beachtung wert gefunden werden. Es ist ein reicher, Begeisterung erweckender Beitrag zur Geistesgeschichte der Menschheit.« *Das Goetheanum*

Bibel-Studien
251 Seiten, Leinen

»Die Frage, kann man noch bzw. wie kann man wieder mit und aus der Bibel leben, wird augenblicklich mit aller Eindringlichkeit gestellt... Eine Antwort auf diese Frage ist Frielings Buch insofern, als es sich nicht ausdrücklich an eine bestimmte Bekenntnisrichtung im kirchlichen Sinne wendet, sondern an Menschen, die einen neuen Zugang zur Bibel suchen.« *Bücher-Kommentare*

Aus der Welt der Psalmen
2. Auflage, 275 Seiten, Leinen

»Wer Frielings Arbeiten, z. B. ›Aus der Welt der Psalmen‹... kennt, der weiß, daß es der Verfasser versteht, theologisches Denken mit dem meditativen Element zu verschmelzen und so zu den spirituellen Realitäten eines biblischen Textes vorzustoßen.« *Mensch und Arbeit*

Der Sonntag — eine christliche Tatsache
46 Seiten, kartoniert

»Der Verfasser geht von der Gefahr aus, in die durch die Reform insbesondere der Sonntag geraten ist, wenn die Woche etwa durch abstrakte, außerhalb des Wochenablaufs eingefügte Schalttage unterbrochen werden soll. Mit einer gründlichen geschichtlichen Untersuchung zeigt Frieling, wie alt und wie tief begründet der nicht am äußeren Sternhimmel abgelesene, aber von Menschen im Einklang mit den Kräften des Planetensystems eingerichtete Rhythmus der Woche tatsächlich ist.« *Die Christengemeinschaft*

Vom Wesen des Christentums
2. Auflage, 37 Seiten, kartoniert

Inhalt: Das Rätsel des Menschentums / Menschen-Schöpfung / Der Verlust des Paradieses / Gott-leere Welt / »Als die Zeit erfüllt war« / Gottes-Sohn und Menschen-Sohn / Das Geheimnis des ohnmächtigen Gottes / Die heilbringende Macht des Christus / Die Christenheit / Geschichte und Mystik.

VERLAG URACHHAUS STUTTGART

SCHRIFTEN ZUR RELIGIONSERKENNTNIS
BEITRÄGE ZUR THEOLOGISCHEN FORSCHUNG
Herausgegeben von Lic. Robert Goebel

Agape
Die göttliche Liebe im Johannes-Evangelium
Von RUDOLF FRIELING
3., erweiterte Auflage, 68 Seiten, kartoniert

Die Gnosis von Alexandria
Eine Frage des frühen Christentums an die Gegenwart
Von REINHARD WAGNER
190 Seiten, kartoniert

Die unbekannten Jahre Jesu
Von REINHARD WAGNER
98 Seiten, kartoniert

Die Verklärung auf dem Berge
Eine Studie zum Evangelienverständnis
Von RUDOLF FRIELING
111 Seiten, kartoniert

Struktur und Rhythmus im Johannes-Evangelium
Eine Untersuchung über die Komposition des vierten Evangeliums
Von CHRISTOPH RAU
171 Seiten, kartoniert

Werdestufen des christlichen Bekenntnisses
Von ADOLF MÜLLER und ARNOLD SUCKAU
136 Seiten, kartoniert

VERLAG URACHHAUS STUTTGART

RUDOLF BUBNER

Evolution — Reinkarnation — Christentum

I. TEIL: DER MENSCH UND DIE REICHE DER NATUR — IHRE ARCHITEKTUR UND EVOLUTION. Bunte Fülle und strenge Ordnung / Gesetz und Fall — Innerlichkeit und Selbstdarstellung / Vom Geheimnis der Mitte — Quellorte der Evolution / Der Schichtenbau der Reiche und die zwei Naturen / Die Sonderstellung des Mineralreiches und des Menschen / Ein vergessener Weg / Die Konvergenz — ein unbeachtetes Phänomen / Der Mensch als Ziel und Mitte / Systole und Diastole — Rhythmus und Evolution / Der Mensch und das Mineralreich — Gemeinsames in polarer Verschiedenheit.

II. TEIL: EVOLUTION UND REINKARNATION. Wiederholte Erdenleben — warum? Die Geschichte der Arten — ein altes Thema in neuem Gewande / Einmaligkeit und Wiederkehr / Zur Stammesgeschichte des Menschen — Kreation und Reinkarnation / Das Gleichnis aus der Tierwelt / Reinkarnation und Vererbung / Der Mensch und sein Schicksal — Reinkarnation und Karma.

III. TEIL: EVOLUTION UND CHRISTENTUM. Eine dritte Stufe der Evolution / Die Menschheit als Reich, als Art und als Person / Urpflanze, Urtier, Urmensch / Weniger und doch mehr — Vom Stilgesetz der Architektur / Das Ende und die Wende / Rhythmus und Weltvollendung / Paradoxien als öffentliches Geheimnis / Christus — des Menschen neuer Name / Reinkarnation und Christentum / Der Mensch und seine Erde — die Zukunft von Wesen und Welt.

Dieses Werk steht in engem thematischen Zusammenhang mit den Büchern „Christentum und Wiederverkörperung" von Rudolf Frieling und „Wiederholte Erdenleben" von Emil Bock und bildet mit den beiden letzten zusammen eine Trilogie zum Thema „Wiederverkörperung". Dabei legt Rudolf Bubner in seinen Untersuchungen das Schwergewicht auf die naturwissenschaftlichen Aspekte der Reinkarnation — ein Fragenkomplex, der zunächst völlig ungewöhnlich erscheinen mag und in der Tat noch nicht — außer bei goetheanistischen und anthroposophischen Forschern — als wesentliches Problem auch nur bemerkt worden ist.
Die wohl bedeutsamste naturwissenschaftliche Entdeckung der letzten Jahrhunderte, die Tatsache der *Evolution*, wird hier konsequent ausgeweitet und neu angeschaut im Hinblick auf Erde *und* Menschheit in ihren Stufen und Rhythmen (I. Teil), auf die personale Entwicklung des Menschen durch die geschichtlichen Epochen (II. Teil) und schließlich auf die innere Achse und Zielrichtung dieser gesamten Entwicklungsprozesse von Menschheit und Welt: das Christentum (III. Teil).

Ca. 170 Seiten, Leinen

VERLAG URACHHAUS STUTTGART